大学生活と成長支援

発達障害学生支援の覚え書き

記録をお願いしたいこと

篠田晴男・篠田直子

三恵社

目　　次

はじめに－大学での学びと変動社会　　　　　　　　　・・・5

第Ⅰ部　ともに歩む：成長支援の実際

第1章　大学での学びの支援と法律の後押し　　　　・・・6
　1．障害学生支援サービスの利用動向
　2．災害等の影響
　3．合理的配慮における階層モデルに基づく支援

第2章　発達障害のある学生・疑われる学生の実像　・・・14
　1．発達・精神障害のある大学生の支援動向と発達・精神障害の交絡
　2．精神障害のある大学生の支援動向と発達障害の重複性

第3章　発達障害特性と困り事・支援ニーズ　　　　・・・18
　1．ADHD
　2．SLD
　3．ASD
　4．精神障害

第4章　発達上の困難さのある学生の現状と支援の課題　・・・24
　1．近年のADHD・SLDのある大学生を対象とした研究と実践
　2．近年のASDのある大学生を対象とした研究と実践

第5章　インフォーマルな支援の実践と配慮・支援の課題　・・・27
　1．事例から考える失敗と成功
　2．紛争事案と対応上の課題
　3．当事者の指摘と伴走型の支援

第6章　フォーマルな支援体制整備の課題　　　　　・・・42
　1．インフォーマルとフォーマルをつなぐ成長支援
　2．障害のある学生の修学支援に関する検討会第二次まとめ以降の課題

第Ⅱ部　ともに知る：自助資源・配慮要請のアセスメント

第1章　障害特性とアセスメント　　　　　　　　…48
1. 精神・発達障害のアセスメントに共通する基本的事項
2. 発達障害関連支援ニーズとその評価
3. 児童・思春期の標準的な心理教育的評価
4. 青年期・成人期の心理教育的評価
5. 発達障害の疑われる大学生の評価と課題
6. 学生相談を入口とした発達障害の疑われる大学生の評価とその課題
7. 精神障害と発達上の困難さのある学生の多元的アセスメント
8. 発達障害のある人への神経心理学的検査と適用上の課題
9. 発達・精神障害の交絡する学生のアセスメントの課題

第2章　持続的な理解・支援の展開と諸課題　　　…87
1. 当事者の視点から
2. 障害特性の理解と障害受容について
3. 自己成長を支える
4. 当事者の語りと当事者研究における障害特性の理解とその受容
5. 限られた援助資源でも欠かせないこと

おわりに－自戒をこめて：失敗だらけの実践から学び続ける　…93

◇引用・参考文献　　　　　　　　　　　…95

<トピックス>
1.支援補遺
・学生当事者の視点から　　　　　　　　　…112
・ピア・サポーターの視点から　　　　　　…114
2.アセスメント補遺
・支援ニーズの把握　　　　　　　　　　　…116
・掘り下げ検査の有用性　　　　　　　　　…121

3.機関連携補遺

・医療機関との連携と薬物療法の実際　　　　　　　・・・124

・就労支援機関との連携と移行準備の実際　　　　　・・・126

◇索引（用語集）　　　　　　　　　　　　　　　・・・129

=発達障害関連用語=

・学習障害(Learning disabilities：LD)/限局性学習症(Specific　learning　disorder：SLD)

　文部科学省文部省の定義では、学習障害とは、基本的に全般的な知的発達に遅れはないが、聞く、話す、読む、書く、計算する又は推論する能力のうち特定のものの習得と使用に著しい困難を示す状態を指すものであるとされた。医学定義(DSM-5)では、学力の三要素、読字・書字・計算の特異な困難を総称して限局性学習症(SLD)という診断名が用いられる。「聞く、話す」といった口頭言語に見られる特異な困難はコミュニケーション障害として分類される。また読みや書きの障害については、伝統的な用語である「ディスレクシア(dyslexia)」を使う場合があるが、LDの臨床タイプの1つを表す別称である。本書では、大学生における読み書きの障害を中心に扱う際、より狭義の意味としてSLDを用いた。近年は、「学び方が異なる」という意味からlearning differencesといったLDの理解も提起されている。

・注意欠如・多動症　(Attention deficit / hyperactivity disorder：ADHD)

　注意欠如(不注意)、多動性(過活動と落ち着きのなさ)、衝動性(衝動抑制不良と自己抑制能力低下)の3つの特徴がいくつかの組み合わせで出現し、小児期によく認められる神経行動障害で、成人にもち越すことも多く、基本的には一生涯続く。

・自閉スペクトラム症　(Autism　spectrum disorder：ASD)/自閉スペクトラム　(AS)

　主に社会的なコミュニケーションの困難さや空間・人・特定の行動に対する強いこだわりがある等、多種多様な障害特性により日常生活や社会生活において困難さを感じることがあり、診断閾下ではASとも称される。DSM-5において、名称が統一される前には、広汎性発達障害(PDD)として、自閉症やアスペルガー症候群などの下位分類により構成されていた。

・発達性協調運動症(Developmental Coordination Disorder：DCD)

　病気やケガがないのにもかかわらず、運動の不器用さが極めて大きい障害。

　以上の用語説明は、下記の機関による用語解説等を参照。

日本LD学会　LD等の用語解説（https://www.jald.or.jp/info/glossary/）

日本自閉症協会（https://www.autism.or.jp/about-autism-adhd/）

4

はじめに－大学での学びと変動社会

　変動社会と修学環境：時代は、アフターコロナへとそのステージを変えてきた。高等教育の修学環境は、社会様式の影響を強く受け、将来予測が困難なVUCA時代とも呼ばれる大きな変容を経験したが、さらなる変化にさらされてもいる。コロナ禍の教訓として、修学支援の現場では、支援者個人の力量に応じた専門的なサービスの探求では賄いきれない問題が多く生じ、点から面へと幅広くつながる支援サービスが求められた。サービスを柔軟に開発し、タイムリーに提供していく取り組みが欠かせないことも含め、新たな体験を学ぶ機会ともなった。

　教員に求められる多様な課題：教職員が自己点検という数値目標の達成に一喜一憂することが、日常茶飯事となって久しい。数字の効能は効率化の中で避けがたいものとなっているが、多様な学生達を前にして、非効率極まりないコミュニケーションに腐心することも避けられない。多様性を肯定しようとすれば、数字信仰に囚われることなく、「生きる意味」をともに問い続ける教育の営み、その原点回帰への密かな決意を要することになろう（例えば、上田，2005）。

　今日、支援の担い手ともなる、教職員に課される業務上の課題は多種多様なものとなり、中でも学生支援には協働してあたることが求められている。令和4年度大学設置基準等の改正（2022年10月施行）では、教員と事務職員等の関係や組織の機能を一体的に規定し、相互の協働を前提とした役割分担、組織的な連携体制の確保を促すよう、教育研究活動から厚生補導まで含めた教職協働がうたわれている。障害学生支援で求められる教職員の協働は、学生本人を中心とする点では、より本来的な協働として、その機能が規程等に明記されていくことになろう。ただし、障害学生支援体制の整備に求められる合理的配慮においては、過度な負担を強いるものではないという点を無視しては、実効性のあるものとならないであろう。

　変わるものと変わらないもの：支援において、欠かせない視座は、持続可能なマインドのようなものであろう。その際、支援を求める学生に、安心・安全を提供する人と場の存在は、オンラインという環境においても、かけがえのないものとなった。本書では、**社会に資する多様な学生へのエールとして、互いの挑戦と失敗を糧に、成長の契機となる手がかりを振り返りたい。**

■第Ⅰ部　ともに歩む：成長支援の実際

第1章　大学での学びの支援と法律の後押し

　2021年5月に障害者差別解消法の改正法が成立し、2024年4月に施行の運びとなった。民間事業者とみなされる私立大学では、合理的配慮の提供は、国公立大学と異なる努力義務からのスタートとなったが、改正法の施行により法的義務に一元化された。障害者や差別の定義もより現実的なものに明文化され、紛争解決機関の整備も盛り込まれるなど拡充が図られてもいる。

　障害者差別解消法の施行に先駆け、障害者基本法改正、障害者権利条約の締結が進められ、また施行に併せて障害者雇用促進法や発達障害者支援法の改正など、合理的配慮に関連した法改正がなされた。その後も、バリアフリー関連で、2019年には大学図書館等による視覚障害や学習障害のある学生への情報保障にかかわる読書バリアフリー法が新しく制定されており、バリアフリー法自体も2021年の改正で教育機関における整備の拡大が図られた。このような一連の障害者支援にかかわる法整備により（図1）、障害者差別解消法施行後に障害学生支援体制の整備は加速することが予想されたが、コロナ禍もあり6年以上の歳月を有しながら、改めて進展を求められる状況となった。

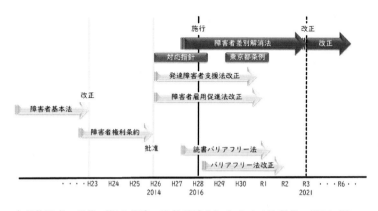

図1　合理的配慮の提供（努力義務の法的義務化）をめぐる法整備の進展（篠田, 2022 改）

障害学生支援の体制整備を進めるには　立正大学では、国公立大学と歩調を合わせて、支援体制整備の基本となる対応指針を定め、関連規程を策定し支援体制の整備に取り組んだ。本来的な体制整備の進展には、この改正が大きな力となることも期待される。すでに、東京都は 2018 年に条例を定めて合理的配慮の義務化を図っていたが、都外にもキャンパスを有する立正大学では、その効果は限定的であった。立正大学におけるフォーマルな体制整備の立ち上げの 6 年間は、まさにこの法整備の将来へ向けた備えともいえるものであった。

1. 障害学生支援サービスの利用動向

　対応件数の推移（図2）：平成 28 年 4 月に正式な開室を迎えた立正大学障害学生支援室であるが、平成 27 年の暫定開室後 2 年目から 3 年目にかけて、対応件数が急増して 1000 件を超え、4 年目には 2 年目の 2 倍となる 1500 件近くに増加し、5 年目ではやや横ばいに近く漸増となる 1500 件超となった。おそらく、年間 1500 件程度というのが、1 万人規模の学生数に対する支援ニーズの顕在化を反映した数字となるものと考えられた。しかし、サービスの利用に関する周知と理解は依然として限定的であり、さらに 6 年目の件数急減にはコロナ禍による入構制限も大きな影響を及ぼし、閾下にある支援ニーズの把握を行うことは困難であった。併せて、支援体制の人的・物的両面での脆弱な状況もあり、対応の限界が反映されている数字と考えられた。全国規模の日本学生支援機構による調査でも、障害学生数は全国的には 1％強へと増加し、在学する 1 万人強の学生に対し、100 人以上の数字となった。この傾向と比較し、立正大学における推移は、全国の平均的な水準にあることが理解された。

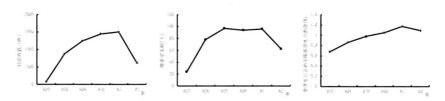

図2　対応件数・障害学生数（立正大学）と障害学生の割合（全国）の推移（篠田, 2022）
　＊注　H27 は障害学生支援室が品川キャンパスのみ開設された準備期間のデータ

障害種別の内訳（図3）: これまで、立正大学の品川キャンパスでは発達障害・精神障害のある学生、熊谷キャンパスでは聴覚障害・視覚障害のある学生への対応件数が多く、両キャンパスにおける支援ニーズの異なる状況はその特徴となってきた。しかし、コロナ禍が直撃した令和2年度は、発達障害・精神障害のある学生への対応が減じた一方、聴覚障害・視覚障害のある学生への情報保障の支援ニーズはむしろ増える形となった。

　　令和元年度までの傾向は、日本学生支援機構による全国調査と比較してみると、内部障害の割合は限定的であるが、発達障害・精神障害のある学生の割合が多いことは明白である。加えて、近年は聴覚障害のある学生の割合も全国平均を上回る数となっていた。なお、全国調査の令和2年度の報告では、コロナ禍の影響として、内部障害や身体障害で移動負担が軽減されるなどの変化が一定程度生じたことも指摘されている。

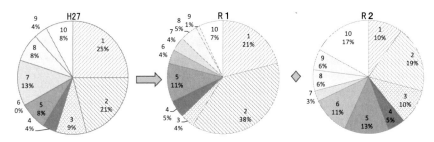

１：精神障害　２：発達障害　３：精神・発達　４：肢体不自由　５：聴覚・言語障害　６：視覚障害　７：病弱・虚弱
８：その他重複　９：その他の障害　１０：不明

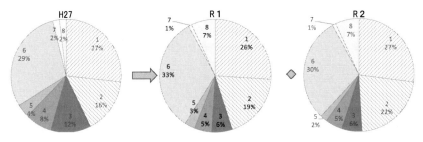

１：精神障害　２：発達障害　３：肢体不自由　４：聴覚・言語障害　５：視覚障害　６：病弱・虚弱　７：その他重複
８：その他の障害

図3　障害種別の内訳とその変遷（上段：立正大学、下段：全国）　　（篠田, 2022）

支援サービスの内訳（図4）：立正大学全体では、修学支援に加え、一時的な休憩場所の提供と併せ、相談にも応じる支援サービスへのニーズが注目されたが、コロナ禍で減じた。次いで、情報の共有や提供に関するニーズ、また相談の入口となる問い合わせへの対応ニーズは一貫して少なくないことも理解された。一方、キャンパスごとにみると、発達障害・精神障害のある学生の利用が多い品川キャンパスでは、一時休憩支援のニーズが顕在化し、支援サービスの内訳の様相は両キャンパスで異なる状況となっていた。

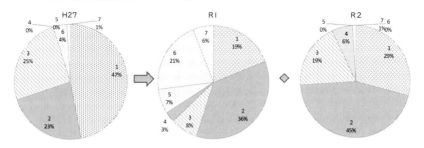

1：問い合わせ　2：修学相談　3：情報提供・連絡　4：情報共有会議・連携　5：一時休憩支援（休憩＋相談）
6：一時休憩場所の提供　7：その他

図4　支援ニーズの内訳とその変遷（立正大学）　　（篠田, 2022）

　　月別件数の推移：一貫して、前期は後期に比べて対応件数が多いが、年間では月単位でみると、4-5月、6-7月、9-10月、12-1月、3月と増加する時期が明確にみられた。これらの時期は、学期初めのガイダンス、前期・後期試験時配慮、入試に伴う事前相談など、各時期における修学上不可欠となる単位取得や入学準備といった事項に関連した支援ニーズの増大がみられ、障害学生支援室業務の集中しやすい時期が明白に存在する。

2.災害等の影響（コロナ禍）

　　令和2年度に生じた対応状況の変化：品川キャンパスでは、4年生の来室者の多くに、新型コロナウイルス感染拡大の影響により、インターンシップもオンラインとなるなど、移動制限の影響や単位取得の困難さなどから、移行支援の得にくい状況が生じた。一方、熊谷キャンパスでは、入学に際しての修学環境に関する相談が身体障害（視覚・聴覚）に加え、発達障害のある学生からも寄せられた。

また、身体障害のある学生では一定の支援ニーズが継続し生じていた。障害学生数は、品川キャンパスでは、精神障害・発達障害のある学生の利用が約半数を占め、コロナ禍での修学環境の変化は精神的な健康度に影響を与え、医療との連携が必要になることがあった。熊谷キャンパスでは、聴覚・視覚障害の支援に加え、品川キャンパスと同様に精神障害・発達障害のある学生の利用が増えた。さらに、聴覚障害のある学生では、オンラインの修学環境へ対応する上での新たなテクニカルな支援も必要となった。利用状況は、緊急事態宣言の影響の大きかった品川キャンパスでは、対応件数は抑制的となったが、令和2年度3月末から令和3年度に向けて再開された対面授業の再開に伴い相談も増えた。実際の対応件数は、コロナ禍の影響を強く受けた品川キャンパスでは266件、その影響が限定的であった熊谷キャンパスでは354件となり、総計は620件にとどまった。そのため、令和元年度の約1500件に比較すると、40%近くと対応件数は大幅に減少する結果となり、電話、メール、Zoomによる相談対応も限定的となり、学生の一時休憩支援のニーズはほぼ消滅した。一方、全学的に電子媒体による配布資料の提供が進み、学生の多くは通学の必要性が減じた。試験等もオンライン上での授業内評価に置き換わるなど、これまで必要とされた支援ニーズはオンライン授業の導入により解消された部分も少なくない。なお、身体障害、特に聴覚障害のある学生では、合理的配慮の内容に関し、再検討を要する事案が多く発生し、熊谷キャンパスでの対応件数は、むしろ増加することとなった。学生・保護者からの問い合わせや修学に関する相談は387件と全体の60%以上を占めたが、教職員との連絡・情報共有・会議等の学内連携は合計146件と全体の20%強にとどまる限定的なものとなった。熊谷キャンパスでは、ノートテイカーを担う支援学生からの相談対応が継続的に行われ、その支援ニーズもオンライン授業の対応へと拡張された。また、両キャンパスとも、外部の関連機関との連携に関する支援ニーズは継続し、そこには診断書・診療情報提供書や障害者手帳に関する情報の受理などが含まれていた。

他大学および全国調査の報告と立正大学との比較：複数の大学が実施したオンライン授業に関する調査では、その利点として、各自のペースで効率的な学習を場所は問わずに可能なことが指摘された一方、課題提出を含む視覚認知作業の負担に伴う疲労、精神的な孤独感に伴う不安・抑うつ、苛立ちや生活の乱れも指摘

された（例えば、早稲田大学、九州大学の報告等）。加えて、障害学生支援のボランティアが担う業務として、オンライン授業に際し、字幕付けサービスの依頼増への負担も指摘された（例えば、宮城教育大学の報告等）。障害特性との関連をみた報告では、大学生の発達障害特性と関連した困り感とオンライン授業のメリット・デメリットの認知や授業理解度との関連性について、発達障害傾向の高い学生では対人関係形成における困り感が高く、授業に関し計画と整理の困り感も強く意識され、その支援ニーズが高いことが指摘された（三好・後藤・藤川, 2021）。なお、ASD傾向の高い学生ほど、オンライン上でのコミュニケーションで孤立しやすいことを示唆する報告もある（Suzuki, Oi, & Inagaki,2021）。日本学生支援機構の調査報告では、発達障害のある学生をはじめ、多くの障害学生において、オンライン上の情報取得負担に伴う支援ニーズが生じていた。特に発達・精神障害のある学生ではコミュニケーションや計画性等の生活管理面の支援ニーズが、視覚・聴覚障害のある学生では情報保障への対応を変更することの負担が、これまでの各大学報告と同様に指摘された。一方で、移動や対人コミュニケーションの負担は軽減し、電子資料が潤沢に提供されたことで、負担の減じた学生も障害種別にかかわらず見られたが、新入生への対応やFD等を通した啓発は課題とされた。

　立正大学では、発達・精神障害のある学生をはじめ、オンライン授業に関連する困り事の支援ニーズに対し、オンライン上でピア・サポートを試行した。他者の意見を聞く機会の提供は、修学上のモチベーションの維持に有効に作用し、孤立感を軽減しつつ、学びの協働を意識する機会となることが示唆された。これまでの同様な実践の試みでも、学業、タスク管理、人間関係を中心とした話し合いがなされ、安心感の提供につながる（筑波大学の報告：末吉・佐々木・竹田, 2020）こと、コロナ禍でのオンライン授業のメリット・デメリット、対人関係、進路といった話題の共有も相互の支え合いにつながる（東京大学の報告）ことなどが示唆されている。ただし、学生の自己管理スキルの得手不得手によって、オンライン授業の困り感がかなり異なってくることは気にかけておきたい点である。さらに、立正大学の障害学生支援室で独自に行った困り事調査では、機器・通信環境などテクニカルな事案に端を発した問題が軽減した後、課題への対応の負担や視覚認知作業に依拠した疲労感、生活の乱れを含む精神的不調感が強く意識される

ようになったことが理解された。立正大学では緊急対策会議でオンライン授業にかかわるガイドラインを作成し、併せてオンライン授業における合理的配慮に関する情報も提供し、令和3年度の授業支援ハンドブックにも収載され配布された。コロナ禍を経て、公平性に配慮しユニバーサルデザインを意識した支援が一層求められているが、提供側にも受け手側にも過度にならない負担にとどめることも重要である。立正大学では、オンライン授業の導入と展開により、教育的支援（教育的対応とも称されるが、本書ではあえて教育的支援と称した）のニーズが一層拡大した可能性がある。また、テレワークの弊害に、オンライン疲れが脳の疲れを伴うことも論じられ、認知的なストレスの問題はすべての人々へ拡散した。その一方、対面によるゼミでみられた相互にねぎらいの行き交う機会は激減し、多くの制約も受けた。オンラインでのピア・サポート活動では、このような側面に配慮しつつ、新たな支援スタイルの開発が求められた。

3. 合理的配慮における階層モデルに基づく支援（図5）

　立正大学では、下記のような階層的支援を、信州大学における同様な支援（篠田・田口, 2018）と比較検証しつつ、体制整備を進めてきた（篠田・島田・篠田・高橋, 2019）。特に、情報共有レベル、コンサルテーションレベルとなる中間層がコア・チームによる支援の主体となっており、インフォーマル支援となるユニバーサルデザインレベル、ナチュラルサポートレベルも、信州大学における見守りや教員個人による支援と同様、裾野の広いものとなっている。発達・精神障害のある学生等では、全学・学部配慮要請レベルよりも、情報共有・コンサルテーションレベルの支援ニーズが多くあり、さらにグレーゾーンとも呼ばれる診断閾下の学生が少なくない。その背景には、障害学生支援体制整備以前より、一定の教育的支援ニーズが存在してきたことがある。筑波大学DACセンター（現：ヒューマンエンパワーメント推進局（BHE））では、より単純化された形で、事前的改善措置、教育的支援、そして合理的配慮からなる発達障害学生支援の3層モデルが提案されている。なお、全学・学部配慮要請レベルは、内部障害や身体障害では、多くの事案でその対応が求められ、配慮文書が発行されている。

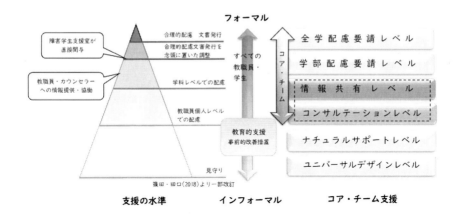

図5 合理的配慮に到る階層的支援 （篠田, 2022）

　後述するように、発達障害・精神障害が交絡するような事案の目立つ昨今、大学生という青年期のライフステージにおいて、発達障害は精神発達の上で、認知・対人関係・自己制御という課題を抱え、修学生活上の負担に耐え切れずに精神的な失調をきたす二次障害（滝川，2020）への展開は、まさに修学生活障害とも呼べるものといえた。コロナ禍では、日常生活上の睡眠習慣や行動管理上の問題（ネット依存等を含む）を前景化させ、その背景に、過去のトラウマ体験から、安定性や協調性を欠くパーソナリティ形成の脆弱性もうかがわれ、さらに不器用さ（発達性協調運動症）や性自認等の課題を併存するなどの重ね着がのしかかると、反社会的な行動等の三次ともいわれる問題へと重度化することも示唆された（桝屋，2020）。このような、多層的な修学生活障害の実際の課題と対応を考える上で、今村他（2021）が五重塔モデルとして表現した、困難さと並置される強みへの着目を意識した支援は参考になるものである（表1）。

	困難さ（課題） <学習・心理社会・進路面で不調>	強み（自助・援助資源） <学習・心理社会・進路面で成長>
メンタルヘルス	不安・うつ、依存・嗜好、食行動異常、過適応、情動制御困難など	情緒・対人面の安定、セルフケアの向上
パーソナリティ形成	非協調、懐疑、被害、回避、強迫、爆発、過敏さ、不安定性など	まじめ、ルール順守、知的好奇心・新奇性希求の強さと積極性など
トラウマ体験	影響が大きいと、侵入・回避・過覚醒・解離の症状、認知の歪みや気分の陰性変化等が生じやすい	影響が減じると、認知・感情、また覚醒度や他者との関係、自己評価なども安定へ
愛着形成	安心・安全感の希薄さ、不安の生じやすさ、不安定な対人関係性	理解のある他者と信頼関係が結べると、ストレスマネージも改善
神経発達症特性	社会的コミュニケーション、反復・限局性、感覚の偏向、不注意、多動・衝動性、知的能力のアンバランスなど	細部への強さ、パターン認識・思考、感覚の強さ・豊かさ、集中や活動性の高さ、創造性など

表1　発達症の「困難さ」と「強み」－こころの発達　五重塔モデル－（今村他, 2021）

【「教育と医学」（慶応義塾大学出版会）69 巻第 3 号(2021)10 頁の表 1 を基に一部改変して作成】

第2章　発達障害のある学生・疑われる学生の実像

　　コロナ禍で生じた新たな修学上の生活障害：日本学生支援機構による 2020 年度の調査では、新型コロナウイルス感染予防対策に関する状況調査が実施された。精神障害・発達障害においては、上述したように立正大学や各大学での報告と同様、全国的に新たな生活様式が求められ、様々な影響が生じていたことが理解された。特に発達・精神障害をはじめとする障害のある学生では、オンライン上で発信された情報取得・管理の負担が大きく、加えてコミュニケーションや計画性を含む修学生活上の自己管理等の課題も顕在化して、きめ細かい支援が必要とされた。一方で、移動や対人コミュニケーションの負担は軽減し、ユニバーサルデザインレベルの様々な資料の提供が常態化したことで、修学上の負担が減じた学生も少なくなかった。ただし、立正大学では、修学体制が対面とオンラインの間で揺れ動いたことにより、その対応に苦戦する学生、教職員の姿は悩ましいものとなった。

1.　発達・精神障害のある大学生の支援動向と発達・精神障害の交絡

　　コロナ禍により、支援動向に大きな変化は生じたものの、日本学生支援機構に

よる「大学、短期大学及び高等専門学校における障害のある学生の修学支援に関する実態調査分析報告（対象年度：平成 17 年度（2005 年度）～平成 28 年度（2016年度））改訂版」では 12 年間にわたる実態調査の経過が分析されており、さらに令和元年度（2019 年度）までの調査結果では、支援ニーズの動向と支援体制整備には、一貫した進展を確認することができる。

　発達障害においては、一次、二次、あるいは三次障害として、より重度化した生活困難が生きづらさを修飾していくことが議論となった（桝屋, 2020）。また、併存性に加え、続発性の問題も論じられたが、一次障害と二次障害の境界には不鮮明さが伴い、統合失調症に関連した発病危険状態（ARMS）においても発達障害の併存が指摘された（杉山, 2021）。二次障害が前景化する背景には、逆境的な小児期体験に伴う複雑性トラウマを抱える事例が少なくないことも知られており（杉山, 2020）、様々な症状を重ね着としてまとい、多彩な訴えとして修飾されている印象が強い。ゆえに、発達障害と精神障害が交絡するような臨床例を前に、その修学上の生活障害となりうる生きにくさを考えていく必要がある（田中, 2020）。障害概念としては、社会的障壁を前に機能障害が顕在化することが理解されてきたが、ふりかかる災禍が二次、三次と広がる中で修学生活上の負荷が精神的なダメージをもたらすと、行動上の問題は一層大きなものになる。コロナ禍は、まさにその一因となり、影を落としたことは事実である。社会・行動・認知の 3軸が交錯するような精神発達上の青年期の課題に際し、その背景にマルトリートメントにかかわる愛着形成やトラウマ体験が潜んで健康なパーソナリティ形成のリスクが生じ、精神状態や適応状態は左右される（滝川, 2020）。今村他（2021）が五重塔モデルを提起したように、改めて精神発達上のリスクの階層性に十分留意しつつ、並置された強みを自助資源として活かせるよう支援していきたいものである。

　障害学生支援室を利用する学生との建設的対話を通した実際の支援は、精神・発達障害の交絡した様相を呈する学生の支援ニーズを探り、確認・検証作業に継続してあたる日々でもある。その際、提供された合理的配慮の実際と課題をみていくと（篠田・篠田, 2017；篠田・篠田, 2018；篠田・篠田・雨貝, 2019；篠田・篠田, 2020）、経年的に共通性のある課題があり、一貫性のあることも理解された。精神障害全体としては、授業への出席について、その基準に調整を要することは

多く生じており、遅刻・欠席の扱いに際し、精神症状と体調の不安定な状況への配慮が検討されていた。対応においては、資料提供をはじめとした情報保障に加え、教職員で一定の情報共有がなされ、レポート提出の期間延長や試験の別室受験・時間延長、口頭発表の代替課題なども実施されていたが、修学の継続が困難な場合には、休・退学、あるいは進路変更が検討されていた。体調面の変化にも留意し、飲料摂取、頻回のトイレ等、退室も考慮した座席位置など環境面が配慮されていた。生活管理面では、睡眠障害を考慮し履修計画を調整するなどの支援が、また注意集中を要する実験・実習では、ティーチング・アシスタント（TA）による人的支援の活用もみられた。ただし、本質的な変更を伴うことなく、必修要件を満たせるかという点で、対応可能な範囲は安全管理の面から配慮に限界のあることが示唆された。精神・発達障害に共通する、グループワークや発表における対人不安軽減への個別対応、感覚過敏を軽減し実行機能の拙さを補う上での、ノイズキャンセリング機器の使用や個別の資料提供、録音・録画の許可やノートテイク支援等は、発達障害のある学生では一次性といえる修学生活支援として欠かせないものとなっていた。その他、発達上の課題が想定される場面緘黙やチックのある学生への居場所支援、LGBT等へのユニバーサルデザインに基づく配慮、さらにてんかんへの発作時の危機対応、高次脳機能障害では、生活面にかかわる配慮も検討するなど、関連する障害への幅広い理解と対応が求められた。紛争予防においても、合理的配慮とされる範疇の支援にとどまらない取り組みが教育的支援としてなされる機会はまれではないが、支援者となるコーディネーターや教職員との関係構築とその維持が困難な場合は、十分な相談体制を確保しにくい。精神症状や体調の変化の予測が難しい精神障害や二次障害が重度な発達障害の事案では、休・退学で支援も中断となることもあり、普段からチーム支援が機能しやすい敷居の低い関係性の構築が求められた。

2. 障害のある大学生の支援動向と発達障害の重複性

　日本学生支援機構による「大学、短期大学及び高等専門学校における障害のある学生の修学支援に関する実態調査分析報告（対象年度：平成17年度（2005年度）～平成28年度（2016年度））改訂版」（日本学生支援機構，2019）では、12年間にわたる実態調査の経過が分析され、近年の精神障害のある大学生の支援の

動向が報告されている。また、令和元年度（2019 年度）調査結果（日本学生支援機構，2020）と比較することで、その後の動向を確認することもできる。2020 年度の調査では、新型コロナウイルス感染予防対策に関する状況調査が加わっており、精神障害・発達障害においては、新たな生活様式が求められる中、様々な影響が生じている可能性が示唆された。精神障害の分析は、上記の経年変化をみた実態調査の改訂版で、丸田 (2018) により報告されている。主な特徴をみていくと、平成 27 年度に障害種別として独立し、28 年度では 6776 人、障害学生全体の24.9%にのぼり、右肩上がりに推移した。主な精神障害は、ICD-10 に従い（現在は ICD-11 へ移行しているところであるが）、神経症性障害、気分障害、統合失調症、摂食障害・睡眠障害、他の精神障害等とされている。神経症性および気分障害が各 3 割強で総じて 6 割以上を占め、残りは各 1 割前後を占める状況が継続している。なお、精神障害は、令和元年度時点では、9709 人、25.8% と人数はさらに増加したものの、他の障害の増加もあり、その比率は平成 28 年度と同様の水準となった（なお、その後の調査では、精神障害は令和 3 年度の時点で、30%を超えて最多の障害学生数となった）。また、障害種別をみると、神経症性障害のみ4 割強と増加している。経年変化の分析からは、精神障害に特徴的な傾向として次のような点が指摘されている。①発達障害の併存がみられる（ASD は 7 割強と多く、ADHD は 2 割弱となるが SLD は僅少）。②規模の大きい大学では多く、また芸術・人文科学領域で多く、社会科学・保健領域では少ない。③配慮依頼文書の配布、出席や座席の配慮、授業や試験における代替・延長や個別対応、実習等を含む履修の支援が提供されている。病状の変化に伴う身体化や不安により、学習困難な状況に陥りやすく、対応に要する配慮依頼文書の配布も多くなる。④授業以外に、健康・生活面に加え、社会・進路面の支援ニーズもある。いずれもカウンセリングが主であるが、医療機関との連携や居場所支援にもわたる。⑤入試においては、別室受験やトイレへのアクセス等の配慮が提供される例もある。受診や診断に到っていないサブクリニカルとされる受験者・入学者もおり、入学直後のガイダンスで対応が必要となることも少なくない。⑥就職率は 5 割程度と低く、離職率も高いが、卒業自体が 6 割前後と困難である。障害者枠での雇用を視野に入れた移行支援は、意思決定の難しさと受け入れ企業側の課題もあり、難題となっている。⑦その他、未診断や診断書の妥当性の確認と公平性の検証、専門

職の資格取得に欠かせない技術基準となるテクニカルスタンダードの明示化、家族支援他、支援ニーズは多岐にわたり、対処可能なものから優先的に検討していく必要がある。昨今は、大人の発達障害として、二次障害が前景化し、背景には新たな貧困問題ともいえる厳しい養育環境がうかがわれる事例に出会う機会も度々ある。逆境的な小児期体験に伴い、複雑性トラウマといった問題が重ね着となり、多彩な訴えを修飾している印象は一層強いものとなっている。

第3章　発達障害特性と困り事・支援ニーズ

　一般的な対応：合理的配慮ハンドブック（日本学生支援機構，2018）では、ADHD（青木・岡崎，2018）、SLD（高橋，2018）、ASD（佐々木・野呂，2018）、精神障害（丸田，2018）において、一般的な理解と対応が紹介されており、ここではその内容をより簡略に整理する。

1.ADHD
（特徴）
　・大学生では、不注意・衝動性による困難さが目立ちやすく、併存障害の有無あるいは別の原因で類似の問題が生じていないかなど、適切なアセスメントに基づく支援が必要である。
（修学面での制限・制約）
　・成果にムラが大きく、やる気や能力の不足を問われ、失敗体験やそれに伴う叱責等により、自己効力感が低下し、 精神的不安定をきたすことがある。
　・困難さ：注意の集中（誤字脱字、計算間違い、宛先ミス、添付ファイルの付け忘れ等のケアレスミス）、注意の持続（興味のあることには過集中）、物品管理（学生証、提出書類等の紛失、散らかし）、時間管理（見通しの甘さ）、優先順位付け（先延ばし、ため込み）、コミュニケーション（一方的、あるいは余計な一言がある。ただし、整理して伝えることも不得手）
（合理的配慮）
　・試験：個別受験、課題締め切り延長・提出スケジュール調整
　・授業：録音、板書撮影、資料提供（ユニバーサルデザインに配慮したもの）、

学習状況の確認、実習における担当者との情報共有

・指導方法：伝達や休憩の工夫（注意喚起と小休止、1回の指示内容の調整）、ゼミ指導での協働における役割と段取りの明示、卒論・修論指導での進捗状況管理（課題の選択と優先順位付け）、成果の確認と失敗対策を相談できる機会の提供

成功体験を獲得する上では、自己理解を深め（長所の自覚は欠かせない）、自助スキルの向上支援が得られる学内外の資源確保が重要である。ただし、本人の配慮に関する意思確認に加え、周囲との公平性の確認も不可欠である。

2.SLD

（特徴：図6参照）

・文部科学省の学習障害の定義では、聞く、話す、読む、書く、計算するまたは推論する能力における困難さが、DSM-5 米国精神医学会の診断基準（American Psychiatric Association, 2013）では、学業スキルにおける困難さとして、読字、文章理解、書字、文章記述、数の操作、数学的推論が対象とされている。また、文字や単語を音に変換する部分が正確に速く行えず、発達的には書きの困難さも伴う（発達性）ディスレクシア（読み書き障害）について言及がある。ただし、これらの困難さは他の障害に依拠するものではない。

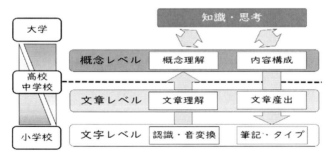

図6　高等教育で求められる読み書きの学修プロセス（高橋（2018）を一部改変）

【「合理的配慮ハンドブック」（日本学生支援機構,2018）52頁の図1を基に一部改変し作成】

注）小学校～中・高～大で分類し、中・高以上で求められるレベルとして点線を挿入した。高橋・三谷（2022）では、読み書きの構成要素が詳しく解説されている。その際、学修は単位取得

を目的とした学びにおいて、行動レベルで読み書きがうまくいかない状態全般を表す用語とし、特定の知識・スキル習得過程をさす学習と区別した解説も施されている。

なお、関連する障害として、運動面での不器用さにかかわる発達性協調運動症、聞く・話すにかかわるコミュニケーション症（言語症：語彙、構文・文法、文章理解・表出困難；語音症：語音産出困難、吃音；社会的コミュニケーション症：言語・非言語的コミュニケーションの社会的使用困難；特定不能）がある。

（修学面での制限・制約）

・読みでは、文字認識・言葉（音）への変換、あるいは文章理解において困難さがあると、知識・概念を獲得することが難しくなり、文字情報の獲得に関するハンディが低評価につながることがある。また、日本語の読み困難が目立たなくても、英語では困難さが大きくなることもある。

・書きでは、筆記に困難さがあると、書字の不正確によりノートテイクは困難となり、遅さにより書く時間も足りなくなる。さらに、文書作成（作文能力）にも困難さがみられると、レポートや論文作成が難しくなる。

・話す・聞くでは、アクティブラーニングの要素が強い授業において、プレゼンテーションやディスカッションの負担が大きくなり、授業への参加が難しいこともある。実習・実技でも、指示理解の不足により、適切な対応がとれないこともある。

（合理的配慮）

・試験：時間延長、文章の読み上げ補助（読み上げソフト・アプリの利用も可とする）、漢字のルビふりなど。配慮に際し、課題内容の量的側面の調整が必要なこともある。パソコン（ワープロ）での解答（音声入力ソフト・アプリの利用も可とする）、口述試験による代替評価。タイピングが不得手な場合なども有効だが、文字を書く負担で思考力が鈍り、文章の質が落ちることもある。

・授業：書籍・資料の電子データ化と提供（電子書籍・オーディオブック等の利用）、講義資料の（事前）配布、ノートの提供あるいはノートテイク（ICレコーダー、スマートペン、カメラ他の利用）。いずれも、機器利用に際し、録音・撮影に許可が必要。外国語のコミュニケーション授業などでは、代替授業を検討する場合もあるが、カリキュラムポリシーを慎重に検討する必要がある。

・指導方法：支援技術の利用の指導、資料の読みやすさの工夫。自助的な取り

組みとしては、すでに経験している定規の活用や、カラーフィルターの利用他もある。それらの必要性はアセスメントで評価する。アセスメントに基づき学習方略の指導なども検討可能であり、最低限の検査・実施や報告書作成のできる援助資源の確保がのぞまれる。

3.ASD

（特徴）

・ASD は、対人関係の困難さ、限定的な興味・関心・行動の 2 つを主症状とし、自閉症、アスペルガー症候群、広汎性発達障害等と診断されてきた経緯がある。

・大学では、講義・演習・実習に限らず、ゼミ・研究室・サークル活動他の様々な場面でトラブルが生じることがあるが、その背景には対人関係の構築の難しさや状況理解の困難さなどがある。さらに、ADHD・SLD の併存、二次障害として精神障害を有することも少なくない。未診断な例も多く、自身の障害理解・受容に難しさもある。困難さが生じている要因を的確に把握した上で、自己理解を促しつつ、必要不可欠な配慮・支援を慎重に検討していくことがのぞまれる。

（修学面での制限・制約）

・対人関係やコミュニケーション：指示理解や対応が相手の意図とずれてしまうなど意思疎通の難しさにより、集団内での孤立が生じやすい。背景にある表情や感情の読み取りの不得手さが、場にそぐわない発言や周囲の人の気分を害する言動につながりやすい。

・こだわり：会話でも細部へのこだわりによる情報共有の難しさがある他、急な休講や教室変更等の予定外の事態では、臨機応変な対応が困難である。

・感覚過敏：喧噪な学生の声や特定のノイズに対する聴覚過敏（鈍麻で対応できないこともある）により、一般教室での受講に困難さを訴えることがある。

・感情コントロール：苦手な状況が生じた際、緊張や不安の高まりをコントロールし難く、無断退室してしまう、あるいはその場でパニックとなることがある。

（合理的配慮）

・試験：出題に際し、具体的で簡潔な問題文、選択肢のある問題など、問題内容や解答方法の理解に混乱が生じにくいよう工夫する。

・授業：座席位置の調整、必要な支援機器の使用許可（録音、PC 筆記、板書の撮影他）といった個別の配慮、入・退室に関する明確な受講ルールの確認などのユニバーサルな配慮がある。なお、グループディスカッションにおいては不得手とされる暗黙のルールについてメンバーで確認し、発言順の決定や発言内容の視覚化を図り、状況を構造化していく。感覚過敏が厳しい場合には、サングラスやノイズキャンセリング機器の使用許可を検討する場合もある。実験・実習授業では、必要に応じて個別の追加説明書（図などを活用して、視覚的にわかりやすくする）を用意する、また学外実習において事前の施設見学を認めることもある。

・その他：伝わりやすいコミュニケーション・スキルを確認し、伝達・確認手段を検討しておくほか、文字や図を追加して説明する。専門の支援機関の情報へのアクセスも有益である。

・指導方法：学生が理解しやすい言葉の選択や提示方法の工夫は、授業におけるユニバーサルデザインの観点からも有効である。重要事項の個別の確認や暗黙のルール・マナーの確認に加え、TA やメンターが学生の承諾の上でバディとしてサポートに入るとグループ活動の参加にも困難さが減じる。本人の興味・関心を考慮した取り組み方を許容することも有益なことがある。

4.精神障害

（特徴）

・精神障害の特徴として、目に見えにくい障害であり、軽症のうちに早期に受診することがのぞましい。病状が長期化する場合には、修学支援の適用の検討が求められる。なお、障害受容には、病識を確かなものとする上で、心理的支援の必要性がある。主要な障害として、統合失調症、気分障害、不安障害等がある。

・統合失調症：幻覚、妄想、思考障害等の陽性症状やそれによって引き起こされる興奮・情動の不安定さ、発動性低下、意欲低下、自閉等の陰性症状、さらに認知機能障害、睡眠障害他の症状がみられる。

・気分障害：うつあるいは躁状態の症状を様々な周期、程度で呈し、特に前者では抑うつ気分、興味や喜びの喪失、意欲低下、不安感、希死念慮、自信喪失、

睡眠障害、易疲労感、胃腸症などの多彩な身体症状もみられる。後者では、気分の高揚や多弁などの症状がみられる。特に、若年者では、双極性に留意する必要がある。

・不安障害：パニック障害や全般性不安障害では、極度の不安感に襲われ、過呼吸発作、動悸、四肢の震え、冷汗、吐き気、めまい、意識が遠のく感じなどが生じる。症状に改善がみられても、多くの人を前にして、予期不安が高じやすく、広場恐怖等では、時折発作が再発することもある。

（修学面での制限・制約）

・睡眠・覚醒リズムの乱れ：入眠困難から起床が難しくなり、午前中の授業などは、遅刻、欠席が目立つようになる。薬物療法が安定するまでは、体育などの身体運動の負担にも留意が必要となる。

・精神症状の変動：その程度や内容は不定期で、日内に限らず、週、月単位でも変動がみられることが多い。授業では、注意集中や記憶、思考、そして実行機能など認知能力にも影響が大きく、情緒的にも不安定で、動機づけも低下し、成果を出しにくくなる。通学すら困難な場合もある。

・対人的なコミュニケーション：苦痛となることもあり、ひきこもり、音信不通となることもある。そのため、ゼミを欠席することも多くなりがちである。一方、気分の易変動性から、いらつき、攻撃性を周囲に向け、対人トラブルを引き起こすこともある。

（合理的配慮）

・試験：出席が困難な場合の追試の利用、出席可能な場合も、別室受験（動悸・冷汗・過呼吸・独語・チック等の影響が周囲に及ぶとき）や書面による個別の指示（口頭での指示理解の困難）、座席位置の調整（頻回なトイレ使用）、試験中の服薬・飲水の許可、試験時間の延長や解答方式の変更（読み書き困難のある場合）他の検討を行う。登校に際し、公共交通機関の利用困難の場合、自動車の利用を許可することもある。

・授業：体調不良による遅刻・欠席（連絡・情報保障、特に実験・実習については回数、代替課題、評価など個別の調整と協力者への配慮の検討も要する）、授業中は薬の服用や体調不良に伴う退室、座席位置の調整、発表・指名等の個別もしくは代替的な対応の検討を要することがある。ノートテイクが困難なと

きは、テイカーの依頼や支援機器の使用を許可することもある。配慮には、学生への変更・調整の伝達、また照会等を的確に行えるよう関係者間で確認をしておくことがのぞましい。

・その他：長時間の実験・実習やグループワークでの臨機応変な対応など、精神的な負担の大きい授業では体調不良も生じやすい。なお、個人情報は慎重な取り扱いとともに、情報開示の範囲についての合意形成が欠かせない。

・指導方法：学外実習では配慮の必要性など事前相談を行う。受け入れ機関への説明に際し、体調管理を含め、配慮について必要な情報共有を行う。履修計画においても、難易度の高い授業は履修時期を調整するなど、授業に伴う負担を勘案し、コアカリキュラムを中心に履修計画を慎重に検討する。集中講義など長時間の授業では、一時休憩場所の確保にも留意する。実験・実習等で、危険を伴う機器や物質の扱いを要する時には、TA の依頼等を含め、慎重な安全管理が必要となる。精神症状の変化に留意し、不調が長期化する場合は、休・退学を含め、履修計画の変更や進路変更の相談なども適宜行っていく。

第4章　発達上の困難さのある学生の現状と支援の課題

1. 近年の ADHD・SLD のある大学生を対象とした研究と実践

　これまで国内で報告された先行研究を、CiNii Articles により「ADHD」「注意欠陥（あるいは欠如）・多動性障害」「成人（あるいは青年)」をキーワードにタイトルを検索すると（大学生の国内報告がみられる 1995 年以降でプロジェクトは除く）、本稿執筆当初の時点で 300 件程度、しかし「大学生」に限定すると 50 件弱と該当する文献は限られたものとなる。そこで、関連する学会として、日本心理臨床学会、日本特殊教育学会、日本 LD 学会、日本学生相談学会等での報告も、対象は限られるが併せて参照した。これらの内容は主に、①ADHD 傾向や特性・特徴の評価にかかわる報告、②ADHD のある、もしくは疑われる学生の支援に関する報告、③米国をはじめとした海外における ADHD のある学生の評価と支援に関する研究・実践のレビューに大別された。

　評価尺度については、ASRS、Wender Utah Rating Scale（WURS)、ADHD-RS IV with adult prompts 日本語版等の海外で開発された尺度の日本語版、もし

くは国内で開発された困り感や特徴・特性に関する尺度の研究が報告されている。なお、後者では、海外で開発された尺度の日本語版と異なり、国内の大学生の修学環境を考慮した質問項目の設定が試みられている。支援事例では、精神科治療学誌で成人期の ADHD に関する特集が 2004 年、2013 年に組まれており、前者では篠田・田中（2004）により医療と連携した特別な教育的支援の事例が報告され、後者では岩渕・高橋（2013）により大学における合理的配慮につながる評価・支援法が包括的に論じられている。今後は、例えば、篠田・沢崎（2013）の報告にあるようなグループワークによる実行機能（主にプランニング）の支援や、安藤・熊谷（2015）の報告にある ADHD コーチングを取り入れた支援の試みも発展していくものと思われる。また、心理臨床学研究には、成田（2009）による ADHD の疑われる女子大学生を対象に解離の併存に言及した報告もなされている。支援事例では、医療との連携において、過去の診断や現在の治療経過、あるいは配慮要請に関する十分な情報を得て対応が取り組まれたかという点を考慮すると、情報が限られるケースも多くあると思われた。

SLD においても、「LD（あるいは SLD）」「学習障害（あるいはディスレクシア）」「成人（あるいは青年）」等をキーワードに同様の検索を試みたが、関連諸学会の報告を参照しても、60 件強のうち「大学生」に関するものは 20 件強と、一段と限られた報告数となっていた。評価尺度については、海外で開発された評価尺度から日本語化をすることは、文化・言語的な側面からも難しさがあるが、三谷・高橋（2016）では、独自の開発も試みられた（高橋・三谷, 2022）。さらに、支援例においても、河田・一門（2000）が取り組みを報告しているが、その後は、鶴田（2007）による非言語性 LD のある学生の二次障害への支援が学生相談学会誌に、松浦（2012）の森田療法を活用した取り組みの報告が心理臨床学会誌にみられたものの、むしろこれから、報告数は増えていくのかもしれない。ただし、SLD のある学生においては、入学までに自助努力により一定の学習戦略を獲得した結果、限定的な合理的配慮により対応できてしまう例も少なくないと思われる。

米国をはじめとする海外での ADHD・SLD のある学生支援については、松橋・Parker・上野・高橋（2006）や、高橋・篠田（2008,2016）をはじめとする複数の報告があり、その実際を知ることができる。ASD に比べて、ADHD や SLD のある障害学生の数は、米国や英国と異なり国内の報告数は少ない。その背景には、

文化や教育制度の相違があることを示唆する議論もなされている（Takahashi & Davis, 2016）。しかし、大人の発達障害が注目されたことで、ADHD、SLDの診断を児童・思春期までに有していた事例や、大学入学後に診断を得た事例も、今後は一段と増える可能性は否定できない。遅発性 ADHD の議論（例えば、岩波・谷, 2017）もあるが、適応上の問題が軽微にとどまってきた学生に、入学後に課されるタスクが増えることで、困難さが顕在化して診断に到る例もあろう。アクティブラーニングの普及に伴いグループで成果を問われるような状況下では、対人関係上の問題が表面化し、周囲が困り、障害が表面化することも起きている。最近は、この周囲の困り感とその支援ニーズの大きさを、当事者も気づいて指摘されることがある。

2. 近年の ASD のある大学生を対象とした研究と実践

　これまで国内で報告された先行研究は、CiNii Articles により「ASD」「自閉症スペクトラム障害」「自閉スペクトラム症」「アスペルガー」「成人（あるいは青年）」をキーワードに同様に検索すると（「（高機能）広汎性発達障害」等、DSM-IV-TRまでの診断名はあえてはずした）、本稿執筆当初の時点で 500 件程度、「大学生」に限定しても 70 件程度と、「ADHD」「LD」と比べると、該当する文献報告が多かった。また、最も初期の報告とされる福田（1996）以降、毎年一定数の報告が継続してみられた。関連する学会として、日本心理臨床学会、日本特殊教育学会、日本 LD 学会、日本自閉症スペクトラム学会、日本学生相談学会等における報告も改めて参照し、その内容を検討した。その結果は、主に、①ASD 傾向や特性・特徴の評価、②ASD のある、もしくは疑われる学生の支援、③米国をはじめとした海外における ASD のある学生の評価と支援に関する研究・実践レビューに大別されたが、AQ 尺度を用いて ASD 傾向と他の諸特性を検討したものが多く報告されている点が目立った。

　評価尺度については、M-CHAT、AQ-J、KABC-II、TTAP、WAIS-III（WAIS-IV）など海外で開発された尺度の日本語版に加え、PARS-TR など国内で独自に開発され標準化された尺度、さらに困り感や特徴・特性に関する尺度を用いた研究も報告されている。支援事例では、先の精神科治療学誌に掲載された福田（1996）による学生相談事例を皮切りに、学生相談領域で多く報告されていた。坂本（2014）

は、学生相談学会誌上に掲載された発達障害関連論文についてレビューを行い（2003 年〜2013 年）、17 件の報告中 15 件（88%）が ASD であったと報告している。さらに、入学時点で確定診断を有していた事例は 3 例のみで、10 例が在学中に診断が確定したものの、4 例は疑いのまま卒業に到っているという。17 例中 12 例（71%）にいじめられた経験が認められることから、長期の支援を受けつつ、未診断のまま対応に到る例も多々あることが指摘されていた。なお、医師との連携、評価ツールの適用は限られており、現場の臨床的判断で支援が提供されてきたこともうかがわれた。レビューとしては、合理的配慮の条件が認識されていく過渡期の報告であるが、医療機関の受診を勧める受療支援、さらにキャリア支援の方向性が、受診の有無と修学意欲の高低の 2 軸の中で考察されている。親・教職員との連携では、説明力として診断・評価にかかわる根拠資料の存在が強く影響すること、評価ツールを適切に導入することで、障害受容・自己理解の促進に寄与することも示唆されている。学生相談事例に限定した検討であるが、グレーゾーンを前提とし、多様なキャリア支援を探索する方向性が、家族支援とともに論じられ、診断・評価の進展、自己理解と多様なキャリアの検討を含む修学支援の在り方を予見しており、先見性のある課題提起がなされている。

2019 年に、全国高等教育障害学生支援協議会誌「高等教育と障害」が刊行され、ASD を中心に、障害特性と支援ニーズの関連や就労移行、ショートケア他の支援の試みの報告が掲載されるようになり、日本特殊教育学会誌では ASD のある学生への教員の支援意識の調査、また日本心理臨床学会誌では ASD のある学生への青年期支援他、大学生の理解・支援に特化した報告は幅広く取り上げられるようになりつつある。

第 5 章　インフォーマルな支援の実践と配慮・支援の課題

1. 事例から考える失敗と成功

　次に、ADHD、SLD、そして ASD のある学生への対応について、悪戦苦闘した自験例を踏まえて、振り返ってみたい。なお、以下の事例は、これまでのインフォーマルサポートで出会った事例を参考に、仮想事例として創作したものである。

(1)ADHD のある女子大学生の A さん

　A さんの訴えは、抑うつや不安に始まり、摂食や睡眠の問題までとどまることのないものであった。医師からは、ADHD との診断に基づき、気分安定薬に加え、ADHD の薬物療法として代表的なアトモキセチンが処方されていた。指示に従った服薬の習慣化は難しく、生活記録表には服薬経過を併せて記録することとした。やがて、服薬の効果を実感できるようになり、実習授業での作業にも集中できるようになった。ただし、失敗を強くひきずりがちであったことから、気分を自己管理する手がかりとして、肯定的な行動の確認用にシールを添えてみた。結果、成功体験に対する気づきが増し、大きな失敗は減った。それでも、レポート提出に自信が持てず先延ばしは絶えなかった。興味の転導や気分の変調もついてまわった。優先順位付けを徹底しつつ、文章作成の困難さには、見本を頼りに事実を短くまとめるよう促した。A さんと近しい学生には、頻発する衝動的な行為・言動には、より適切な行動や言動の例を伝えることが対人トラブルを減じることにつながると助言したところ、周囲の A さんへの接し方の理解にも深まりがみられた。その後、A さんは必要なレポート・卒業論文を提出し、口頭試問を乗り切り、自身の困難さに翻弄されつつも、達成感を得て無事卒業に到った。

　大学では、本例のように適応上の困難さが顕在化する例もあるが、自覚が乏しく援助ニーズが発生しない例も多い。自身の ADHD 傾向について理解を深めることは、精神的健康を維持する上で予防的意味を持つ。実行機能に拙さがみられる場合は、障害学生支援コーディネーターなどの支援者の協力を得て、修学の生活支援機器（テクニカルエイド）の使用を含む学習戦略や自己管理・対人関係に関する適応戦略を身につけることが、肯定的体験に基づく成長支援に有効となろう。本例では、まめにメモをする習慣を身につけたことも、記憶を補い、セルフモニタリング力を向上させることにつながった。

(2)SLD・DCD のある男子大学生

　B 君は、小学生の時より、周囲から行動面で奇異な印象を持たれ、目障りな存在としていじめの対象にもなった。中学 1 年生の時に医療機関を受診し、SLD および DCD の診断告知を受けた。書字が極端に苦手で、体育等の実技系科目での

苦手さも際立っていた。授業中に課題を仕上げることができないと、その苛立ちを周囲にぶつけ、孤立することが度々あった。単位制の高校に進学したB君は、個別の指導を受けることができ、多少の落ち着きを得たという。大学では、自己管理がうまくできずに、約束の時間に遅れることが度々みられた。授業には、いつも持ちきれないほどの資料を持参しては、忘れて帰ることが少なくなかった。確かに、手書きのレポートは判読が難しく、教員からは能力不足ととられがちで、ワープロでの資料提出がのぞましい配慮と考えられた。レポート作成にも時間がかかり、友人が資料整理のピア・サポートを申し出てくれた。読みについても、視線を定位することに困難さがみられたが、優勢な同時処理の能力を活用し、表に要点をまとめるスキルを磨いた。資料の集約と論旨のプランニングの同時支援が奏功して、卒論を無事提出することができた。一方で、進路選択は二転三転し、不安と苛立ちを周囲にぶつけ、対人関係が悪化し、ピア・サポートに協力した友人も疲弊した。障害学生支援室のコーディネーターの助言により、自助努力の必要性を認識し、当初の希望とはやや異なる職種であったが、ヒューマン・ケアの業務につくことができた。

*大学では、実技教科はほとんどなく、不器用さによる苦戦は軽減された。ただし、書字の問題は大きく、マークシートでの解答や手書きの解答には苦戦した。パソコンの使用は有益であったが、文字入力に時間がかかる、また誤入力や誤記が多いといった点では、手先の不器用さの影響が生じていた。

(3)ASDのある男子大学生

　C君は、寡黙で一人でいることを好む、少しとっつきにくい感じを与える大学生であった。ゼミ懇親会の誘いには応じたものの、席をはずしてしばらく戻らないと周りは心配になったが、席に戻ると歓談することもなく黙々と飲酒する姿があった。そんなC君が、飲みすぎて具合が悪くなっていることに気づいた時は、皆かなり慌てることとなった。C君が自ら口を開く機会は少なく、その背景にはいったい何があるのか、推して知ることは困難であった。ゼミでは互いの趣味について話す機会もあり、C君が鉄道の趣味から普段の自分について話が及んだ時、それまでの気になる場面が思い返され、多くの疑問が一度に氷解する瞬間が訪れ

た。孤独にみえたのは人の近くがストレスフルで、音にも過敏できついこと、話しかけられた際にどう応じたらよいかいつも困っていることなど、次々と困り事が語られた。居合わせた一同は、彼に暗黙のルールはほぼ通用しないことを知ることとなった。そこで、安心できる付き合い方を改めて確認し、対人ストレスは日々課題であることを認識した。その日から、C君の表情はこころなしか、穏やかなものとなった気がした。しかし、進路について相談があるとC君が切り出した折、対人援助職への就職を望む彼に、より適性にかなった技術職を勧めたところ、大きな失望に加え怒りが表明された。信頼を深めた相手が、抱いた理想に同意しない事態は、味方が敵に思えるほどの衝撃を伴った。ジョブマッチングに思いをめぐらす以前に、理想の職能人へのこだわりの強さ、柔軟な進路決定の難しさを思い知らされることとなった。C君との関係は難しいものとなったが、理解のある友人がC君をつなぎとめる役割を担い、無事に卒業し学外の就労支援機関へとつながった。

(4)ASDのある女子大学生

　Dさんは、対人緊張を気にしながらも、まじめで成績の良好な学生であった。友人は少ないものの、高校以前から長く付き合いのある親友を大切にしていた。ゼミの演習では、早めに発表資料を用意し、その内容に問題がないかと幾度も確認にくる姿があった。彼女は対人ストレスへの対応戦略として、発表のような機会には慎重すぎるほどの準備をすることを身につけていた。発表を終えると、疲れが抜けきらないようで、翌週は表情がすぐれなかった。心配になり調子を問うてみると、切り抜けた後は身動きのできないほどの疲労感に圧倒されるという。どこまで準備をしてよいか、自分で加減ができないので、不安になりそうなことには事前から極力備えるという。彼女の優秀な成績は、その努力の結果の一端であることを知り、手を抜き難いことの大変さが伝わってきた。進路は手堅く地元中小企業の事務職として内定を早々に決め、優秀な成績で卒業に到った。後に、彼女が営業職へと転じたことを知り、苦戦を糧に対人面で成長する可能性を再び教えられた。

＊いずれの事例でも、ASDの確定診断は大学入学後、自身の困り感に端を発し、

診断を受けるに到った事例である。入学以前の受診歴はあるものの、適応障害として、対人的なストレスに起因する情緒的問題が主となることは少なくない。ASD の診断歴のある学生でも、修学環境により対人ストレスが適応上の課題となりやすいのは事実であり、その背景に ASD の特性が深くかかわっていることを理解し、学習戦略や進路決定など修学上の課題となる様々なことに、認知・行動面の柔軟性の乏しさが影響しやすいことも共有していきたい。一方で、過度に対応戦略を駆使しすぎてぎくしゃくすることもあるが、意識して休養をとるなどのライフスキルの向上に努めることで適応可能性も広がる。成果や進路選択へのこだわりなど、目標達成への許容度には家庭環境により相違もみられるが、情緒的に納得が難しい局面と対峙する機会に遭遇することはある。時には、悔いの残る対話となることもあるが、周囲の友人など本人が相談できる複数の援助資源との情報共有が救いとなる。

2.紛争事案と対応上の課題

　「障害のある学生への支援・事例【発達障害】」（日本学生支援機構，2015）には、SLD4 例、ADHD15 例、ASD16 例が採録されている。「『障害者差別解消法施行』に伴う障害学生に関する紛争の防止・解決等事例集」（平成 28 年度収集事例）では、SLD3 例、ADHD4 例、ASD23 例が採録されている。平成 29 年度収集事例においては ASD11 例（重複を含む）が採録され、ADHD、SLD を上回り最も多い報告数となっている。なお、平成 30 年度収集事例では、9 例にとどまったが、学生からの意思表明はなく、母親からの配慮要望に対応した事例が含まれている。加えて、「障害のある学生への支援・事例【精神障害】」には、精神障害 24 例が採録され、平成 28 年度収集事例では 36 例と多かったが、平成 29 年度収集事例においては 11 例が、翌年度以降も、6 例、9 例と一桁台の報告数となっている。さらに、令和元年度以降の内容をみると、元年では SLD1 例、ADHD3 例、ASD5 例、2 年度では SLD4 例，ADHD3 例、ASD5 例，重複 2 例に新規に相談機関の ASD1 例、3 年度では、ADHD3 例、ASD2 例、重複 3 例、4 年度では、SLD1 例、ADHD1 例、ASD3 例、重複 2 例、相談機関の ASD1 例となっている。次に、その特徴をみていく。

(1)ADHD

・困難さ：気の散りやすさ。セルフモニタリングの拙さ。対人関係のトラブル。情緒不安定、気分変調、パニック、攻撃性。吃音。実習・研修における行動管理の難しさ。授業の履修や進路選択にかかわる難しさ。

・配慮内容：学習支援（履修登録の個別支援、授業の録音許可、ノートの提供やノートテイクによる支援、修学情報〈休講や提出物〉等の担任・事務からの連絡、個別の試験、実験実習の個別支援）、進路選択支援（就活支援、障害者雇用に関する情報の提供）、ライフスキル支援（睡眠管理、スケジュール管理、メールの確認、ソーシャルスキルや自己表出の支援、居場所の提供）など。障害学生支援室・保健管理センターの担当者、担任他が参画したチーム支援に加え、学生チューターを活用した例もある。

・医療的ケア：診断に基づく、薬物療法。障害者手帳の取得。

・対応上の課題：実習（教育実習、あるいは機器操作上の危険を伴う実習）や研修（海外研修）における行動管理に工夫を要した。実習先、研修先との情報共有が図られたが、開示についての抵抗感もみられた。一人で行動しない、指示をメモするなどの行動管理、課題・レポート提出に際し、教員の個別対応を要した。アセスメントに基づき、必要な支援を選択した。なお、危険性が高い作業は回避する必要もある。最終的な評価が、目標達成とならないこともある。

　一次性としての注意欠如・多動衝動性にかかわる行動管理や学習目標を達成する上での困難さもさることながら、二次障害ともされる情緒面の課題が大きいことがうかがえる。様々な葛藤を抱えやすく、ストレスマネージメントのニーズは高い。学習面でも、実習・研修での成功体験、あるいは就職面でも、仕事の適性が合い成功体験が得られると、自己有能感を得ることができている。ただし、失敗への不安が大きく、自己否定につながりやすいため、かなりの包括的支援を提供しても、最終的に成果が得られないことがある。安易な遅刻の容認など、特別な扱いをすることはのぞましくない。

(2)SLD

・困難さ：読む・書く・聞く・話す（いずれかの組み合わせ）。

・配慮内容：学習面では、アセスメントの提供、支援機器等の使用と許可（PC・

タブレット端末・読み上げソフトの利用、講義録音、板書撮影許可）、授業における個別の配慮と教材提供（試験時間の延長、着席位置の配慮、授業計画等の明示と指示、授業内容・復習・提出物の確認、印刷・電子・拡大資料提供、ノートテイクによる筆記、発表や質疑応答、レポート作成他の支援）。生活面では、整理整頓、寮生活の支援など。

・対応上の課題：個別の資料を他の学生の前で渡されたことに不満が表明され、封筒に入れて渡すことで対応が図られた。読み上げソフトの利用についての理解が当初得られず、必要性の理解に時間を要した。学生相談・保健室・学務の協力に加え、担任が個別の支援に協力し包括的に支援するも、高校までの手厚い個別支援には到らず退学となることもある。なお、本人の困り感の自覚が乏しい例もある。

　学習面での支援機器等を含む多様な配慮が想定されるが、困り感の自覚、配慮の必要性の根拠、提供する支援の選択と担当者他、周囲の理解を得てタイムリーに配慮を行うには難しさもある。さらに、自助的に対応してきた経験も踏まえて、周囲との公平性に留意し、資料の提供方法などにも工夫が必要なことがある。総力をあげて配慮をしても、高校までの個に応じた支援とは異なり、適応面での限界を感じる例もある。

　以上、総じて、包括的な支援の提供を考える際に、援助資源が疲弊しないためにも、合理的配慮としての根拠に基づく支援の選択が望まれる。ADHD では、障害特性に加えて、情緒面のサポートが課題となることが多かったが、SLD では、障害特性の自覚と支援ニーズに関する周囲の理解という課題が大きい。ADHD・SLD とも、ライフスキルの拙さは問題化しやすい。しかし、自助努力を抜きに、入学前と同様な支援を想定することは、社会参入を目指す学生にも周囲にも益することはない。自助努力の経験値を積み上げておくことは、大学入学に向けた準備課題ともいえる。

(3)ASD

・困難さ：コミュニケーションの不得意、対人関係トラブル、こだわり、パニック、フラッシュバック、予定変更による混乱、聴覚過敏、実習・研修における

行動管理の難しさ、授業の履修や進路選択にかかわる難しさ、口頭での説明の理解の難しさ。

・配慮内容：学習支援（座席配慮、履修登録の個別指導、配布物の提供、ゼミ個別指導、教室移動の指導、視覚的情報の提供、板書の撮影許可、ノートテイク、マイク等機材の調整（聴覚過敏）、途中入退室の許可、遠隔授業、個別試験（時間の延長）、課題の代替、実験実習の支援）、配慮要請依頼書の配布、関係者への障害特性の周知、ゼミ生や教員との関係調整、ライフスキル支援（スケジュール管理、生活指導）、進路選択支援（就活支援、情報の提供）、カウンセラーとの面談、保護者や本人に対する個人面談、クールダウン等居場所の提供

・医療的ケア：障害者手帳の取得、服薬（ADHD 併存において）。

・対応上の課題：支援者の配置、教職員の理解、合理的配慮において可能な支援の理解・検討、グレーゾーンの（診断書のない）学生への対応。

ところで、各事例には、参照として、支援に関連する項目分類が記載されている。今回、この特徴に着目してみると、その内容は 10 項目以上の多岐にわたり、頻度からみると不可欠な項目が理解される（建設的対話、モニタリング＞＞ 相談体制の整備、心のバリアフリー、同等の機会、本質の可視化、本質的な変更、社会資源の活用＞第三者組織、本来業務、引継ぎの円滑化、キャリア教育、過重な負担、不当な差別的取り扱い）。常に求められることとして、建設的対話と同時に継続したモニタリングが欠かせないことが示唆される。つまり、修学環境の調整を求められることが度々あり、合意形成に到る過程に時間を要することも理解される。次いで、相談体制の充実が求められるが、その際には、自己理解・周囲の理解、公平性や本質の可視化、さらには変更に関する踏み込んだ検討も生じている点で、対話と調整における幅広い支援ニーズが予想される。相談体制も、第三者による学外の支援組織やキャリアにかかわる移行支援機関との連携を含み、紛争化の予防に努めることも考慮すると、担当部署に相応の負担が生じやすいことも懸念される。平成 28 年度、平成 29 年度の相違として、建設的対話が増え、モニタリングや本質の可視化に継続した支援ニーズの高まりがあるが、未充足とされた相談体制を脱し、相談受け入れ体制が機能しつつあることもうかがわれた。平成 29 年度版では、聴覚過敏など個別性の高い特性への個室や別室環境の提供

に関する限界、保護者、時に第三者も含めた関係者間でのタイムリーな情報共有とその客観性の確保の難しさ、授業の出席にかかわる本質的な要件に関する共通理解の難しさ、といった紛争化につながりやすい課題も指摘されている。これらのリスクを軽減するためには、多様な補助代替手段を立案し、その提案に学生と教職員が協働してあたる体制をコーディネートすること、そして相互の負担が過重とならないようなモニタリングの継続が、紛争予防につながる鍵として重要と考えられる。

　なお、令和になると、新型コロナウイルス感染症への対応として、オンライン授業が導入され、修学環境が大きく変容した。発達障害のある学生においては、学修困難、中でも感覚過敏や社会的なコミュニケーション困難への配慮も増えたが、個別な学習環境が創出され、資料の提供も潤沢となったことから、支援ニーズが軽減した例もあった。一方で、オンライン授業の環境がうまく合わない場合もあり、その調整に困難を極めた例もあった。マスク不着用に関する問題や、双方向のオンライン授業での顔出しに関する問題など、まさにコロナ禍によって新たに生じた問題が多くみられた。

(4)精神障害
統合失調症等
　・困難さ：希死念慮、幻聴、被害妄想、不安の高さ、薬の副作用による平衡感覚異常・手の震え・眠気
　・配慮内容：支援員の授業への同席、ソーシャルスキルトレーニングの実施、学生情報の全教員との共有（当該学生の要請による）、休憩スペースの提供、授業ごとの欠席回数の教示、体調不良の際の途中退出の容認、スマートフォンによる授業の録音・録画、授業中に使用した資料の提供
気分障害
　・困難さ：公共交通機関の利用困難、体調不良による受講困難
　・配慮内容：レポート・課題の配慮（期限延長等）、数回までの欠席容認、補講の実施、個別の発表機会の設定、ビデオ通話による発表機会の設定
神経症性障害等
　・困難さ：パニック発作、受講困難、コミュニケーション困難、発表の困難、

暗所・騒音への恐怖、グループワークへの参加困難、公共交通機関の利用困難

・配慮内容：授業中の見守り、保健室・空き教室での休憩、レポートによる出席代替、筆談によるコミュニケーション、個室での試験実施、席の配置変更、講義中の指名を避ける、グループメンバーの配慮、個別授業の実施、照明操作の事前の声掛け、授業中および試験中の頓服薬や清涼菓子の服用許可、欠席時の配布資料の提供、口頭発表の紙媒体による代替

摂食障害・睡眠障害・その他の精神障害

・困難さ：体型への過剰な意識、ロッカールームの使用困難、服薬による眠気に伴う遅刻・欠席、記憶・実行機能障害

・配慮内容：健康診断時の体重表示を隠す、水着着用の限定的免除、担当教員の変更、着替えでの障害者用トイレの使用許可、専用のロッカールームの設置、保健室での精神的援助、医務室・面談室での休憩、授業の録音・録画の許可、個別の資料提供、試験時間延長、別室受験他

　以上の特徴をみていくと、疾患に特有のより支援ニーズが高く、優先して配慮を要するものがある一方で、いずれの疾患にも共通する配慮として、その必要性、提供の可否を判断するもののあることが理解される。合理的配慮の提供には、配慮の訴え（いわゆる主訴）と精神症状から説明される困難さの整合性を確認する作業があり、診断書等で提供される診療情報の内容について、修学環境や修学状況に照らし、支援の必要性・妥当性を検証しておくことが求められる。実際には、所属する学部・学科等の判断により、合理的配慮の範疇を上回る対応が、教育的支援として提供されている例が多く見受けられた。その際、教職員と TA 等の関係者間で、支援にかかわる人員の確保・スケジュール調整他の課題があり、情報共有に困難さのあることが示唆された。教育的支援として、合理的配慮と考えられる範疇にとどまらない対応を、個別に提供せざるを得ないのが実情であろう。

　精神障害全体としては、授業への出席について、その基準の調整を要することが多く生じている。遅刻・欠席の扱いでは、薬物療法の開始などの影響も勘案して、精神症状と体調の不安定な状況への配慮が検討される。人的支援を含む情報保障が提供され、教職員で一定程度の情報共有はなされている。診療情報等に基づき、可能な範囲でレポート提出の期間延長や試験の別室受験・時間延長、口頭

発表の代替課題による対応も実施されている。しかし、症状が重篤化し修学の継続が困難な場合には、休・退学、あるいは進路変更等が検討される。薬の服用や関連した飲料の摂取、頻回のトイレ他、退室の可能性がある場合の座席位置への配慮など環境面での対応も、体調面の変化を考慮し配慮に応じている。生活管理上の問題としては、睡眠障害が認められる場合には、午前中の授業を中心に履修計画を調整するなどの支援が施されていたが、一定の時間、注意集中を要する実験・実習などの認知的な負担の高い科目では、体調不良の影響が大きくなる。動機づけの維持にも考慮しつつ、TA 他の人的支援を可能な配慮として活用している例もみられる。ただし、必修科目に該当する場合は、本質的な変更を伴うことなく、必修要件を満たせるかという点で、対応可能な範囲は安全管理上、その配慮に限界がある。こうした問題は、特に統合失調症や気分障害などの精神障害で顕在化しやすい。

　授業内や試験時の対応では、授業への出席に困難さの少ない神経症性障害やその他障害でも、配慮の検討を要することがみられた。普段の授業でも、頻回なトイレ利用をはじめ、退室の可能性を考慮した座席位置の配慮、グループワークや発表等における対人不安を軽減するための個別対応もなされている。また、感覚過敏を緩和し実行機能の拙さを補うために、ノイズキャンセリング機器の使用や個別の資料提供、録音・録画の許可やノートテイク支援は、発達障害のある学生への対応と同様に、その併存のある学生では欠かせないものとなっていた。その他の障害では、場面緘黙やチック、あるいは LGBT 等のある学生への配慮も個別に検討されている。前者では、周囲の学生への影響も考慮し、一時休憩可能な別室利用を許可する、代替的な課題で対応するなど、学習内容が充足されるよう支援が行われていた。また、後者では、環境的にユニバーサルな施設の利用等のハード面、氏名表記への配慮等の授業におけるソフト面でのユニバーサルな対応に加え、周囲の理解を促す取り組みも行われている。さらに、高次脳機能障害のある学生にも、発達障害のある学生と同様の対応がみられたが、加えて生活支援を要する例もあり、身体障害のある学生と同様に、介護者の入校等の配慮も報告されていた。

　紛争予防の観点から、合理的配慮とされる範疇の支援にとどまらない取り組みが多くみられたが、その帰結は、体調悪化に伴う休・退学等で中断となる事案も

散見された。公平性の観点から、学生および保護者の配慮要請のすべてに対応することには、合理的と判断し難かったとする報告もみられた。年度を追うごとに、課題となる対応が絞られてきた印象はあるが、精神症状や体調の変化の予測は難しく、常に変調の可能性を想定したモニタリングの欠かせない目に見えにくい障害といえよう。特に、支援者となるコーディネーターや教職員との関係維持が困難な場合、十分な相談の継続を確保しにくくなり、紛争リスクとなる可能性がある。関係者のつながりでは、相談の前座として雑談のできるような敷居の低い関係性の構築も重要であり、雑談・相談を総称するいわゆる雑相が成り立つ関係性を目指したい。

3.当事者の指摘と伴走型の支援

　大学での ADHD/SLD のある学生との出会いは、2000 年代初頭にさかのぼる（篠田・田中，2004）。立正大学での取り組みは、基本的にゼミを主体とした当事者との学び合いともいえるインフォーマル支援の中で探求されたものであった。

(1)事例にみる失敗からの学び
①ADHD
　情報（行動）確認の失敗からの学び：支援者（教職員あるいは支援に協力してくれる学生）や同級生等の関係者との間で、情報や行動の伝達・確認にミスが生じやすい。メールやSNSは、情報伝達・行動確認という点で役立つ道具であるが、伝達内容の確認が徹底されずに不履行となる、また複数の選択肢が伝えられた結果混乱することは、度々生じる。伝達側は慢心してはならない課題である。互いに、失敗はつきものと考えて、予防策を話し合っていくことが重要である。なお、情報倫理の遵守についての確認にも留意したい。メールや SNS が感情理解の助けとなることもあるが、直接対話し状況を確認しなければ、対人関係の悪化を招きかねないことが多い。感情や行動の自己管理を確認する短時間の面談や電話も併用して、学習・生活支援には危機管理を意識しておくことがのぞまれる。

　感情調整の失敗からの学び：支援者や同級生に負の感情が生じやすい。衝動的な行動や言動、行動上の多動さや不注意によるトラブルに巻き込まれた結果、支援者を含む周囲には怒りや失望が生じることが多い。計画性が拙い一方で、"べき

思考"にとらわれ、意図した通りに事が運ばないことにがまんできず、苛立ちをぶつけてしまうこともある。関係者は率先してクールダウンを心がけ、相互のストレスマネージメントを図ることが重要であり、背景には愛着にかかわる問題が潜在していることがある。周囲のネガティブな反応に触発されると、攻撃的にもなるが、同時に自己否定的な感情に苦しみ、感情の調整は一段と難しいものとなる。こうした事態を回避し、自己都合で約束を反故にしてしまうこともある。

　このような支援では、クールダウンに加え、感情に目を向けすぎずに、行動上の目標達成を優先するコーチング的な支援も参考になる。事実確認を忘れずに、次に取り組むべき行動目標や手続きを優先し、励ますことは欠かせない。学生自身には、感情調整に有効なストレスマネージメントとしてマインドフルネスが、また注意集中の苦手さによる失敗には、薬物療法の調整やニューロフィードバック（篠田・石井・鈴木・丸田・田村，2013）なども一助となるが、仲間の励まし（ポジティブ・フィードバック）は最も大きな支えとなろう。

　紛争事案に照らしてみると、情緒の不安定さや行動管理の難しさには、油断は禁物である。また、支援ニーズが過大になりかねないこともあり、包括的な支援の負担を考慮し、チーム支援の役割分担と限界吟味を検討しておくことが必要となろう。

②SLD

適性探求に伴走することの失敗と学び：常に自分にあうものを探索していく力がある。その際、支援者や同級生は、変遷しやすい本人の意思にふりまわされる印象を抱くかもしれない。また、本人ができると思い取り組んでも、期待したとおりに事が運ばず、その苦戦を見守るしかないこともある。作業にかなりの時間を要し、目標に到達できないことへの苛立ちが周囲に向かう、あるいはその作業から本人が逃避してしまうこともある。実際に、学生が直面する困難さを目にする度に、学習戦略が必要なことへの周囲の理解を深め、取り組み方の工夫について助言を惜しまず、公平でユニバーサルな取り組みを意識していく必要性を感じる。

　こうした点は、進路選択の難しさにもみられる。支援者の助言が希望していた進路と一致しないとき、本人に将来を否定されるのではないかとの不安が生じ、

関係性の悪化につながることもある。学部学科の教職員、障害学生支援室コーディ
ネーター、キャリアサポートのカウンセラー、あるいは先輩諸氏の意見など、複
数の意見に触れて考えるよう、助言することもその回避策となりえよう。また、
挑戦してみたものの、失敗を経験し、可能な進路へと判断を変更していく体験も、
意味のある学びである。

　学習支援の周辺ニーズへの気づきの失敗と学び：学習支援の周辺に起きる諸々
の出来事については、つい配慮を怠りがちになる。学習戦略が奏功し、レポート
や卒業論文を提出し、口頭試問を迎えたとしても、自信を失い、内容がおそまつ
で発表できないと言い出すことがあるかもしれない。また、進路についても、あ
まり面識のない相手に、唐突にアプローチすることがあるかもしれない。社会生
活上の課題は、卒業まであと一息のところでも足を引っ張る事態を引き起こしか
ねないと、留意しておきたい。こうした失敗は、支援者には落胆につながりやす
いが、学習支援の周辺には、多様な学びの機会があるととらえたい。

　支援の妥当性や公平性についても、できれば複数の支援者で確認をしていくと、
配慮の不提供につながる見落としを防ぎ、学生の自助努力の伸長につながる機会
を得やすい。紛争事案に照らしてみると、学習支援のニーズも限りなく膨らみや
すいことが示唆される。支援内容の吟味と自己の適性の探求への理解を得る過程
では、アセスメントニーズも含め、一定の負担も伴う。長所活用型支援の視点を
優先しつつ、自己肯定感を獲得していく作業を進めておきたい。

③ASD

　感情調整の難しさとモニタリングの失敗に関する学び：まず、ASD のあるもし
くは疑われる学生の指導において、合理的とされる配慮に限らず、教育的指導上
の配慮は多岐にわたり、調整が奏功しても新たな課題に直面しがちなことを理解
しておきたい。特に、不安・抑うつ感、あるいは強迫性や攻撃性といった精神的
な症状が、二次性のものとしても前景にくる厄介さがあり、複雑な事態に陥りが
ちである。青年期・成人期では、他者の意図や感情への理解にかかわるマインド
リーディングの力も、部分的に可能となるがゆえに新たな葛藤という困難さも生
じる。配慮に際しても、本人の意思確認に難しさがあり、対人的な言語的コミュ
ニケーションに限定せず、仲介できる友人・家族、あるいは支援機器（筆談やメー

ルほか）も活用するマルチなコミュニケーションの在り方を検討する価値がある。コミュニケーションの齟齬は大きなトラブルにつながりやすく、具体的な行動について複数のメンバーで度々確認し、必要な行動の遂行が難しいときは、状況把握を手伝い可能な対処を伝えるといった工夫も欠かせない。この手間を惜しむと、トラブルにつながることがあるので、行動のモニタリングには周囲と協力してあたるよう努めたい。なお、情緒的な混乱は思い描いた行動がとれない悔恨として大きな自信喪失につながる。パニックにも考慮し、感覚を遮断して、クールダウンできる安全な居場所の提供、さらに自らできる感情調整に有効なストレスマネージメント技法の獲得支援も、混乱予防とセルフコントロールの成功体験を獲得する上で有効である。

適性探求へのこだわりとジョブマッチングのずれの認識に関する失敗と学び：理想の進路と適性のマッチングがかみ合わないという課題に直面し、苦戦することが多い。就活や進学の面接試験では、成果が得られずに、失敗が自己否定に直結しがちでもある。背景には、こだわりを増幅してしまう柔軟性の乏しさ、あるいは視点を変えて状況を眺める難しさなど、状況を俯瞰する難しさがうかがわれる。教職員やコーディネーターの助言に耳を傾けることは難しく、むしろ第三者ともいえる学友や、メンターとなる先輩が語る失敗・成功談が気持ちをほぐし、前向きに取り組むきっかけとなることがある。その際、当事者に限らず、いずれの学生も経験するような失敗談を聞くことで、納得し救われる姿をみることがある。素直に耳を傾けられると、体験談は成功の鍵となり、より説得性のあるものとなる。支援者が障害特性に鑑み、進路決定に関する情報を提供し、助言することは正しいアプローチである。しかし、障害者雇用に関連した支援を利用していくことへの抵抗感も勘案すると、ASD があり適応上の困難さを抱えても、一般雇用に挑戦する姿があってよいと思える。失敗を相談できる限られた理解者との関係は大切に維持しつつ、支援者へ最低限の謝意を表せると周囲も救われる。感謝やお詫びを伝える難しさは、当事者に限らない難しい対人コミュニケーションの課題である。形式的なソーシャルスキルであっても、時に有効であり、そのことを体験的に知る機会は重要である。研修やインターンシップについても、障害特性に詳しいコーディネーターやキャリアカウンセラーの助言を活用し、多様な学生を輩出している教員の経験も参考に、時間をかけて可能性をさがしてみてもよ

い。成果が伴わないことは度々あることで、その際の感情調整の困難さについて配慮しつつ、周囲からは率先して次なる機会に目を向けることのメリットを具体的に伝えるなど、新たな挑戦を支える姿勢で向き合いたい。

学習支援の本質にかかわる部分の調整と周辺ニーズへの対応に関する失敗と学び：講義・演習・実習への参加において、よりアクティブな学びを課される現在、求められる学習目標や達成すべき要件には、一定の対人コミュニケーション能力（共感性を含む）、思考や認知能力、自己管理能力などが求められる。参加の形態、資料提供、試験形態・成果の提出方法などで、テクニカルスタンダードを踏まえても本質にかかわる部分の調整が問題となることも多い。カリキュラムポリシーを吟味し、一部の不可能なことを除いて、できる限りの対応が図られている例も少なくない。結果的に、成果が得られなかったときの対応についても、事前に検討し、感情的な対立を生じないよう、客観的で具体的な取り組みに努めたい。努力しても成果が得られない事態に陥り、対応を再検討せざるを得ない状況は、いずれの学生にも、公平に生じることである。なお、配慮と指導に際し、保護者も含む周囲の共通理解を前提とし、配慮の限界吟味も必要である。

以上、建設的対話の失敗ともいえる課題を取り上げたが、普段の臨床実践の中では、彼らの視点から、障害特性をさらに修飾するトラウマの累積した重ね着を、丁寧にほどいていく伴侶的作業が伴うものである。加えて、その鍵には、本人なりの「思惑」の理解に励む"弟子入り精神療法"のアプローチ（村上，2019）になぞらえてみると、支援とはできの悪い弟子であり続けようとする修業にも思える営みである。

第6章　フォーマルな支援体制整備の課題

1.インフォーマルとフォーマルをつなぐ成長支援

青年期の自己成長を促す支援：日本学生支援機構による平成27年度障害のある学生の修学支援に関する実態調査では、大学における障害学生数の増加はもとより、発達障害のある学生に加え、病・虚弱および精神障害のある学生数が急増し、全体としてインビジブルな障害のある学生の支援ニーズは多くあることが示

唆された。また、比較文化的な観点からは、すでに、数十年以上先行して合理的配慮が提供されてきた欧米と異なる教育体系、言語体系あるいは社会的慣習の下、発達障害の中で最も報告数が多い障害は ASD となっている。海外では SLD および ADHD が多く報告されてきた状況とはかなり異なるが、今後、未診断も想定される SLD・ADHD の問題が顕在化する可能性はあろう。

(1)フォーマル支援への道のりと最初の1年の歩み

　立正大学では、科学研究費補助金等による助成により、すでに 2003 年に元アリゾナ大学 SALT センターの Quinn 教授、また 2004 年には、元ジョージア大学 LD センターの Hynd 教授、Davis 准教授、そして元コネチカット大学の ADHD コーチングの第一人者である Parker 博士を招聘し、発達障害のある学生支援に関する先進的な知見を紹介頂く機会を得た。現地訪問の機会も得て、専門の支援職として、アセスメント、支援技術、心理教育・心理社会的支援などに明るい、多職種連携、地域連携によるチーム支援が不可欠なことへの理解を深めることができた。現在も、このような国外の先進的機関との情報交換、あるいは Association on Higher Education And Disability（AHEAD）などの国際的な組織との関係を大切にしている。さて、立正大学では、障がいのある学生支援ルーム（現：障害学生支援室）が 2015 年に正式に立ち上がり、非常勤のコーディネーターが中心であるが、室長を加え 7 名のスタッフと最初の 1 年を歩み始めた。当初はコーディネーター1 名から始まり、関連規程の整備とともに体制整備は道半ばという状況からはじまった。合理的配慮の義務化が先行した国・公立大学と歩調を合わせてスタートをきれたのは、障がいのある学生支援協議会が設立され、障害のある学生が在籍する学部の担当者を中心とした意見交換の積み重ねの 4 年間があってのことでもある。

(2)ゼミ指導の悪戦苦闘とインフォーマル支援

　大学での発達障害のある学生と筆者の出会いは、2000 年代初頭にさかのぼる（篠田・田中，2004）。当時、国内では青年期・成人期の発達障害の様相は、ほとんど知られておらず、特に診断に欠かせない幼児期の育ちの情報を得ることは至難の業であった。一般の大学においては、こうした障害のある学生の在籍に懐疑

的なまなざしがあったことは、致しかたない状況とも思えた。一方、すでに米国
では、1990 年代には人権法の整備に伴い、大学における障害学生支援において、
SLD、ADHD のある学生は主要な支援の対象となっていた。このこともあり、当
時の調査研究で、発達障害に関連する問題を有する学生の数が、学齢期における
文部科学省の調査研究からみても、整合する割合で存在する可能性を見出した（篠
田・篠田・橋本・高橋，2001）。この調査研究は、その後、障害特性、あるいは関
連する困り感を評価して、スクリーニングや自己理解へつなげる一連の研究へと
発展した。一方、ゼミでは、現在の ASD，高機能広汎性発達障害（HFPDD）と
も呼ばれた自閉性スペクトラムを有する学生たちと出会い、ゼミ指導におけるそ
の二次的問題を含む対応では悪戦苦闘を積み重ねることとなった（例えば、篠田，
2007；福島・篠田，2007）。また、困難さの根拠ともいえる認知行動特性の評価
につながる基礎的研究を深める契機ともなった（例えば、水谷・尾崎・篠田・軍
司，2007；水谷・篠田・尾崎，2011；Suzuki & Shinoda，2010；鈴木・篠田，
2011；篠田，2003；Shinoda & Skrandies, 2013）。加えて、日本 LD 学会におけ
る初めての自主シンポジウム（2003 年）などを皮切りに、複数の学会で、国外の
研究者、実践家、また当事者も参加してのシンポジウムを精力的に行った。その
後、先進的な取り組みとして、学生支援 GP が始まり、日本学生支援機構や国立
特殊教育総合研究所（現特別支援教育総合研究所）による調査やプロジェクト、
そして研修等も開催されるなど、現在の全国高等教育障害学生支援協議会の設立
につながる展開があり、障害者差別解消法の施行に伴う対応要領・対応指針の策
定など、機関レベルでの差別解消と合理的配慮の提供が進展するに到った。特に、
学生支援 GP の進展以降、障害学生支援室のようなフォーマルな組織の設置も進
んだが、立正大学での取り組みは、基本的にゼミを主体とした当事者との学び合
いともいえるインフォーマル支援の中で探求されていた。

(3)社会的自己の獲得につながる自己理解と障害特性

　ゼミ指導を通して、障害のある、あるいは疑われる学生も、卒業という節目に
向け、社会的自己の獲得に向けた悪戦苦闘を続けていく。この過程には、より長
い時間を要することもあるが、留年時や卒後のフォローアップにより、新たな達
成感が得られることもある。本人のみならず家族や友人を含めた多層な人間関係

の中で深まる達成感であり、多くの失敗経験とともに、心理的葛藤をやりくりして、やっと得られるささやかな成功体験でもある。しかし、この体験が将来かけがえのないものとなることも少なくない。障害を含む自己理解の険しい道のりに思いを馳せる時、田中（2015）は、同時に進展する親の養育からの退却に、時に悲哀という影もさすことを示唆している。一方で、篠田（2012）では、親のキャリア観が肯定的に作用することも指摘し、親のレジリエンス（鈴木・小林・稲垣，2015）に着目していくことで、社会的自己の獲得を支えることにつながる可能性も示唆された。さらに、西村（2015）は、当事者の語りの変容から、キャリア教育における体験過程の変容が社会参入を支える肯定的な自己理解に促進的に作用することを明らかにしている。大学における修学支援における合理的配慮の取り組みには、当事者や関係者間に多様で動的な心理過程が相互作用していることに、常に目を向けておく必要がある。この過程により具体的にかかわろうとする際、成人教育および心理社会的発達の観点から、Field & Hoffman（1994）が取り上げた自己決定の 5 領域（Know yourself, Value yourself, Plan, Act, Experience outcomes and learn）は重要な視点を提供している（Price,2002）。さらに、認知・作業特性の評価に基づく自己理解支援をはじめ、ストレスマネージメントを含む自己管理スキル支援、対人関係にかかわるコミュニケーション・スキル支援、就労支援やキャリア教育の観点からの多様な支援方法・ツールの開発の試みも、この作業を確かなものとする有効な援助資源となろう。

(4)就労支援につながる課題

　社会人への移行を見据えた支援を考える際、発達障害のある学生では、修学上の支援において、進路決定にかかわる困難さが、その障害特性との関連で生じやすいことも指摘されている（例えば、篠田・沢崎, 2015 ; 篠田・沢崎・篠田, 2015 ; 石井・篠田・篠田, 2015）。その際には、自己像にかかわる諸側面の関与が想定され、自己理解・自己決定・自己援助希求の各過程を確かなものとすることが、就労への適切な移行において重要となる。将来の社会資源としての活躍を見据えて、自助努力を惜しまない協働作業として、合理的配慮に基づく修学の経験は重要であろう。篠田（2017）では、こうした移行を見据えた発達モデルを前提に、包括的な支援の構造を例示している。発達障害では 、診断のない学生への支援ニーズ

も少なくないが、国外でもその特性として、不注意の傾向が強いと職業決定に際して自己効力感が下がる（Norwalk, Norvilitis, & MacLean, 2009）などの指摘がある。また、国内でも、一般大学生の特性としての不注意・多動衝動傾向（ADHD傾向）および自閉性スペクトラム傾向（ASD傾向）が職業決定に際し、影響を与えることが報告されている（篠田・沢崎，2015；石井・篠田・篠田，2015）。今後、合理的配慮の方向性として、いわゆるグレーゾーンとされる発達障害の特徴を有する学生への潜在的支援ニーズは少なくない。社会参入への移行を見据えた多元的評価による自己理解、包括的な支援の提供とそのモニタリングは欠かせないものと考える。

(5)社会資源としての卒業生の姿

　現在、発達障害のある学生に限らず、障害者雇用で採用された学生、一般雇用で採用された学生のいずれもが、卒業後も職場適応上の課題を抱え、自身の困難さと向き合いつつ、社会資源としての貢献をしている姿がある。転職や休・退職に到る事例もあるが、同級生同士のつながりが大切な絆となり、それぞれに時代を生きている姿がある。OB/OG会などの集いを通して、あるいは直接相談に訪れる卒業生もいる。在校生に授業等で体験を語る姿をみるにつけ、仕事や職場を通じた成長を実感し、彼らの力強い自助努力の訴えに共感しながら、長く仕事を楽しめるようにと、自身への労いを忘れずにあってほしいと願う。

(6)国・公立大学における支援と私立大学における支援

　すでに、対応要領を策定し、フォーマルな支援に取り組んでいる国・公立大学と比べ、私立大学では、対応指針の下、建学の精神などの独自性も強く、また修学の目標も多様である。基礎となる学習スキル、学習態度、一般常識なども、学力の水準という点では、一様ではなく、ばらつきも大きい。しかし、障害のある学生への合理的配慮を想定した事前的改善措置を講じる際、ユニバーサルな環境や教育・指導法は、私立大学ではいずれの学生においても学びやすさにつながりやすい。すなわち、いずれの学生にも学びやすい環境が整うことにもなる。しかし、一教員がこれを推進するには負担も大きく、教育支援機器ひとつとっても、有効な活用策を見出すには、教育面での支援がのぞまれる。併せて、学生同士の

ピア・サポートの啓発も欠かせないが、経済的な困窮度の高い学生も多く、定常な人的資源の確保については、検討の余地があろう。地域連携を通じ、専門的スキルを有するボランティア学生の相互活用も、今後の課題である。

2.障害のある学生の修学支援に関する検討会第二次まとめ以降の課題

　第二次まとめ以降、多数の新たな検討が加わっており、立正大学としても、体制整備の方向性の中で注目しておくべき事項が含まれた。その中では、生活支援とのかかわり、実習における合理的と判断される支援の範疇、合理的配慮の根拠となるアセスメントの確立、効率的なモニタリング、紛争予防、地域連携と援助資源の活用など、生涯発達支援の観点に立ち、社会的自己への移行の最終機関としての在り方が模索されている。

*建設的対話：「障害のある学生の修学支援に関する検討会報告（第二次まとめ）」では、合理的配慮の合意形成に際し、社会的障壁へ、根拠に基づく妥当な配慮を提供すべく、学生と教職員が協働し建設的な対話の継続に努めることが求められた。その過程が有効に機能するためには、障害や配慮に関する事前的な理解と知識が欠かせないこと、相談・対話の建設的な継続に必要なマインドやスキルを有し、適切なモニタリングがなされることも求められている。効率的にそのプロセスを運用するため、書面もしくはオンライン上で確認・検討すべき事項の可視化を目指した定量的・定性的研究も試みられている（例えば、田島・岸川・中野・横田・田中,2022）。また、配慮を提供する教職員を対象とした質的研究からは、可能な配慮の努力をコンプライアンスと捉えて、失敗やトラブルを恐れずに、対象者と相談しながら修正していく柔軟な姿勢によって、対象者を信頼しようと努めることは相互の信頼を深め、建設的対話を確かなものとする（平林・飯野,2021）との指摘もなされている。本書のインフォーマル支援における失敗の意味を考えるアプローチと重なる知見である。

*第三次まとめ：令和5年度末、改正障害者差別解消法の施行に伴い、私学を含め多様な大学等の体制整備の基本的な枠組みについて新たな提言が公開された。従前のまとめで不鮮明であった部分の定義やコロナ禍を経て新たに変容や拡張のみられた支援体制、必要な資源の確保に要するネットワーク整備や専門人材の養成・確保など、実際の体制整備において課題となった点が取り上げられた。より生きやすい社会の形成を目指し、日本の高等教育の実情や発展とも親和性のある、のぞましい取り組みの方向性が提示されたものといえよう。

■第Ⅱ部　ともに知る：自助資源・配慮要請のアセスメント

第1章　障害特性とアセスメント

1.精神・発達障害のアセスメントに共通する基本的事項

　ここでは、精神・発達障害のアセスメントに通底する基本的事項として、Kaufman（1994）により提唱された賢いアセスメント、またその基盤に立脚した石隈（1999）の心理教育的アセスメントにおける5つの条件を踏まえ、実際の障害学生のアセスメント業務の基本的事項としたい。なお、対面での相談が困難を極めたコロナ禍での対応も踏まえて、留意したい点にも言及した。

(1)相談形態に応じた行動観察

　電話・メール相談：来談が困難な場合、個人情報の保護の観点では優先度が高いものとなる。主訴に関する語りの様子から、状況の切迫性に加え、問題の時空間的な把握の程度、感情制御やメタ認知の得手不得手、さらに言葉の抑揚などノンバーバルなコミュニケーション上の課題の有無まで、得られる情報は少なくない。メール相談でも、主訴を中心に、記述される説明から、電話と同様に感情制御、メタ認知や構成力、さらには独特な表現の有無などを知ることができる。一方、文面では情報が中心となり、感情表現が乏しくなりがちなこともある。必要以上の情報のやりとりが、意図しないネガティブな反応につながることもあり注意を要する。

　同時双方向型のオンライン相談：映像により行動を視覚的に観察しやすい利点はあるが、カメラに向かって話すことで、特有の緊張をはらみやすく、過度な集中を要することも少なくない。音声のみ、あるいはチャット併用など、心理的な負担の少ないコミュニケーションモードの選択を可として、適宜使い分ける工夫も欠かせない。利点としては、直接来談することが困難な状態でも、行動の一部を観察でき、一度でも対面での面談経過があると、状況を推測しやすい。行動制限下では安全な対応として益する。

　対面相談：直接来談するか、事前に電話・メールで予約するか、いずれのケースもあるが、後者では相談理由に応じて初回面接の準備が行いやすい。対面の面

接では、具体的な修学支援のニーズとさしあたっての配慮の必要性を確認し、対応の緊急性を見立てる。問題解決を図る上で、相談内容を適切に共有できるか、また情緒面の安定性等についても確認しておく。さらに、周囲の援助資源とのつながりや情報共有の範囲についても確認しておくことがのぞましい。仮に、情緒面のサポートの優先度が高いと判断される場合は、学生相談におけるカウンセリングニーズがあるものと想定して対応を図る。臨床心理面接と同様に、来談者の行動観察と半構造化面接は重要となる。他方、情緒面の問題が少ない場合は、より構造化された面接により、修学面の支援を優先しながら対応を図ることで、情緒的問題も軽減し支援効果も得やすい。その際、確認すべき内容は、自助資源（得手不得手とこれまでの提供を受けた支援歴、診断の有無や時期と自己理解の程度、基礎学力と学習スキルの獲得状況他）と周囲の援助資源（親の期待、教職員から提供された配慮や支援、友人関係、修学の環境他）に関することが中心となる。支援の入口として、質問紙による簡易なアセスメントが有益なこともあるが、得られる情報に限界もある。診療情報等が限られているときは、掘り下げ検査を行うタイミング等も検討していくこととなる。なお、訴えが学生自身ではなく、養育者からなされる、あるいは教職員からの相談として持ち込まれる場合もあり、学生の問題意識とその解決への動機づけを慎重に見立てる必要がある。修学支援は、学生自身の修学上の課題解決への取り組みが、新たな成長につながるよう伴走する作業であり、その姿勢を共有することがスタートラインである。関係構築に時間を要することも多く、育ちや学びの悪戦苦闘歴が多大な影響を及ぼしている場合には、その整理の時間も織り込みつつ、相談を進めていくことになる。

(2)環境要因の聞き取り

　環境要因の聞き取りは、修学支援を検討する上で不可欠な事項であり、主訴の聞き取りに併せて、あるいは優先的に聞き取ることで早期の対応につながることが多い。

　子どもにおいては、①学習面（認知・行動・情緒）、②言語・運動面、③心理・社会面、④進路面、⑤生活面と多面的な聞き取りが必要とされる。これを、大学生の視点でみると、学習面と進路面（成長）、心理社会面と生活面（適応）と整理される。特に、キャリア・カウンセリングの視点は重要であり、その目標があっ

ての修学上の成功体験（単位取得が不可欠）であることは、認識しておきたい。子どもの環境アセスメントの意義は子どもと周囲の環境との適合性の確認にあり、学生でも同様であろう。学校・家庭・地域のアセスメントにおいて、大学生では、大学（課外活動も含む）、さらに社会（アルバイト、ボランティア、インターンシップ等）、そして自宅通学では家庭環境の問題が、自宅通学外では寄宿舎、アパートなどの自立生活上の問題がある。

　一般の臨床心理アセスメントでは、相談の動機や相談歴、養育環境や対人関係、また周囲の援助資源、問題理解の程度など、環境要因と個人要因をバランスよく聴取し、問題の改善を目指した治療同盟の確立が目的とされる。診断が目的であれば、構造化面接や半構造化面接が主となり、家族力動もジェノグラムにより確認し、欠かせない情報となる。操作的診断を主目的とする面接では、治療仮説を生成する上で、初回面接を含む面接初期での見立て・判断がその後の展開を左右する。面接者の主体的なかかわりのウエイトは、環境要因にかかわる情報収集・評価においても大きなものとなる。修学支援にかかわるアセスメントでは、家族・育ちに関する聞き取りに関し、相談対象が本人のみか、親をはじめとする家族が当初から関与しているかによって、かなりの差異が生じることがある。本人以外の関係者の登場の仕方に注目することは、支援の糸口を見定める一助にもなる。また、障害受容の程度、支援ニーズの認識においても、本人と保護者の相違が大きい場合には留意したい。建設的対話の姿勢を基本とし、修学環境の変化も踏まえつつ、繰り返し生じる課題は見逃さないようにしたい。修学生活全般にかかわる状況を立体的にとらえ、具体的な問題解決につながるものから影響の大きいものへと問題を整理し、最初の成果が得られるよう優先順位付けをしていく際、アセスメントの情報は役立つ。なお、背景に累積的トラウマなどメンタル面でのケアが欠かせない事例では、学生相談と協働した個別や小集団での介入も視野に、アセスメントを計画することが必要であろう。

２．発達障害関連支援ニーズとその評価

　ADHD・SLD・ASD の支援ニーズ：日本学生支援機構による平成 17 年度から平成 28 年度調査分析報告では、特に障害者差別解消法施行に到る平成 27・28 年度を中心とした分析に力点がおかれ、発達障害学生の診断カテゴリー別構成比に

ついて、平成 26 年度を加えた 3 か年の分析がなされた。発達障害学生数は毎年度増加し、平成 28 年度では ASD が 6 割強、ADHD も 2 割近くに達し、重複例も 1 割以上とされた（高橋，2017）。その 3 年間の ADHD の学生数の増加、構成比の上昇は、障害学生支援室に ADHD のある、あるいは疑われる学生の来談が増えた当時の実感とも重なるものであった。背景には、ADHD の行動特徴に関する情報が身近なものとなり、診断を求めて学生が受診する機会が増えたこともあろう。遅発性 ADHD をめぐる議論も話題となったが（例えば、岩波・谷,2017）、問題が顕在化するには到らずに、学齢期に見過ごされてきた可能性はある。一方、SLD は 4％程度の数字にとどまり、学生数は必ずしも増加に到らなかった。行動上の特徴が顕著な ADHD、ASD と比較し、併存障害としての読字・書字の困難さは相対的に見逃されやすいこともある。米国では SLD の学生が少なくないことが知られており、学齢期において SLD の診断あるいは支援歴を有する入学者が増えていく可能性が示唆された。

平成 28 年度以降、診断のない発達障害の疑いのある学生数は横ばいであるのに対し、診断のある発達障害学生の人数は増加傾向が続いている。この診断書を得ている学生の増加の背景にも、大人の発達障害の確定診断が増えていることが推察された。なお、ASD のある学生数は 6 割をやや下回り、ADHD のある学生数が増加した。重複のある学生数も増えたが、ADHD や SLD の併存との関係が精査されると、ASD のある学生の占める割合が相対的に減じる可能性も示唆された。ただし、区分不明とされた学生が 25％強と多く支援を受けている事実もあり、グレーゾーンと称される学生への対応も積極的に取り組まれている状況がうかがわれた。

ADHD・SLD のアセスメントについては、児童・思春期の標準的な評価法が提案されているが、多くの心理検査では上限年齢から青年期にある大学生に適用が難しい。また、国外で使用されている心理検査の日本語化には言語・文化的相違が大きく、使用可能なものが限られている。ここでは、児童・思春期の ADHD および SLD において利用されてきた代表的なアセスメントを概略するとともに、青年期にある大学生にも適用が可能と思われる試行的な掘り下げ検査も含めて、背景となる神経基盤を想定した障害特性の把握に有効な心理教育的評価法について検討する。

(1)ADHD・SLD・ASD の障害特性評価

　大学における障害学生の数は平成 30 年度以降も増加の一途をたどっているが、発達障害に加えて、平成 27 年度に明示された精神疾患・精神障害、慢性疾患・機能障害の増加は顕著である。平成 28 年度では、全障害学生数 27,257 人中 9,387 人と急増し 34.4%を占めた病弱・虚弱は 27.2%となったが、精神障害は増加を続け、15,787 人と 31.8%を占めて最大となり、20.7%を占める発達障害（診断書等のある者）を含め、いわゆるインビジブルな障害が 80%近くを占めていることとなる。なお、発達障害と精神障害においては、併存が構成比で 50%以上と、無視できないことも自明となっている。インビジブルな発達・精神障害のある学生支援を考える際、援助希求の拙さや日々の葛藤には、自己理解支援を通して、その障害理解を深め、援助希求につながる自己決定を促すかかわりが求められる。臨床場面においては、その特徴は特性として論じられることも多く、本人はもとより、教職員や友人など周囲の気づきを来談の契機として、配慮につながることも多くある。その一方、自助努力もあり、適応的な修学環境下では、さし迫った援助ニーズを認め難いこともある。ここではまず、国内で標準化され市販されているものに限らず、実際の障害学生支援の現場で、援助ニーズの把握に活用可能なアセスメント手法から、開発経過と適用上の留意点を含め取り上げる。

　スクリーニングと支援ニーズの把握：障害特性もしくは困り感などに基づくスクリーニングとしては、以下のような尺度が公開されている。
① ASD や ADHD 特性に関する既存の尺度
　・AQ 日本語版（若林・東條・Baron-Cohen・Wheelwright, 2004）
　・ASRS（Kessler et al., 2005）
② 国内で独自に開発された特性に関する尺度
　・ASD 特性尺度（例えば、山本・高橋（2009）による AS 特徴尺度）
　・ADHD 特性尺度（例えば、岩渕・高橋（2011）による ADHD 特徴尺度、篠田・沢崎・篠田（2015）による不注意と多動性・衝動性に関する尺度）
　こうした尺度により、進路決定支援における援助ニーズの解明を障害特性との関連から試みる研究もなされている（石井・篠田・篠田, 2015；篠田・沢崎、

2015)。

③困り感に基づく支援ニーズの把握

・発達障害関連困り感尺度（高橋他，2015）

　高橋他（2012）による発達障害関連困り感質問紙の原版、2015 年にはその第 2 版の実施マニュアルが出版されている。第 2 版では、ADHD に関する質問紙は 48 項目、24 項目、10 項目の 3 バージョン、ASD に関する質問紙は 25 項目と 13 項目の 2 バージョンあり、最少の 23 項目では短時間での実施も可能である。なお、オプション尺度や UPI-RS（高橋・小林，2004）などのメンタルヘルスに関する質問項目を加え、二次障害を含む包括的な潜在的支援ニーズの検出も可とされている。小田他（2011）では困り感質問紙と大学生のメンタルヘルスを評価する UPI-RS との相関分析において、その関連性を指摘している。困り感尺度に関する妥当性検証は、ADHD 関連尺度には、POMS や UPI-RS、また認知行動特性を実験的に評価する Integrated Visual and Auditory Continuous Performance Test（IVA CPT）等が、ASD 関連尺度には、AQ、早稲田シャイネス尺度（WSS）等が用いられ、その妥当性が報告されている。篠田・中莖・篠田・高橋（2017）では、短縮統合版（山﨑・高橋・岩渕・小田・徳吉・金子，2012）を使用し、Youth Self Report（YSR/11-18）を用いてその妥当性を検証している。

④その他

　問題行動に関連する全般的な状況を評価する上では、いわゆるブロードバンド・スクリーニングツールも有益である。

・The Achenbach Systems of Empirically Based Assessment（ASEBA）

　その一連の評価尺度の中に、自己評価式のものとして、思春期～成人期の情緒や行動の問題を包括的に評価するために標準化された質問紙、Youth Self Report（YSR/11-18）、Adult Self Report（ASR/18-59）がある。前者は 1991 年版に基づく日本語版が標準化されており（倉本・上林・中田・福井・向井・根岸,1999）、その後 2001 年版に基づく標準化が報告され、その際にも高い信頼性、妥当性が確認されている（瀬戸屋・河内・木原・長沼・北・上林，2016）。後者では、船曳・村井（2015）が日本語版の標準値作成を試み、高い信頼性、妥当性を得たことも報告している。例えば、YSR では、11～18 歳を対象とし

て、問題行動に関する 103 項目と能力や適応に関する 17 項目の計 120 項目について、過去 6 か月間の状態を 3 件法（よくあてはまる：2、ややまたはときどきあてはまる：1、あてはまらない：0）で評価する。"身体的訴え"、"不安／抑うつ"、"引きこもり"、"思考の問題"、"注意・社会性の問題"、"非行的行動"、"攻撃的行動"といった問題因子尺度の得点から問題の重篤度に関するプロフィールを把握することができる。初年次の学生を対象としたスクリーニングでは、YSR を用いて検討することも可能であり、以降は成人版の ASR の利用が可能となっている。

精神的健康と併存症：これまでにも発達障害の診断は有していないものの、メンタルヘルスの問題を主訴とし、発達障害の行動特徴を有する学生の相談ニーズは存在していた（佐藤・徳永，2006）。大学入学後に問題が顕在化し、支援ニーズが明確化する学生の存在も指摘されてきた（山本・高橋，2009）。こうした例では、自身の特徴の理解においても、また他者理解や対人コミュニケーションにおいても困難さがみられ、結果として周囲からのサポートの得にくい状況が生じやすい。発達障害のある学生の中では、特に ASD のある学生は、日本学生支援機構の実態調査における報告数の伸びが顕在化した点で、ADHD・SLD を主とする英国や米国などの状況とは一線を画していた。その背景には、非言語的コミュニケーションを多用するなどの育ちの文化的背景の影響とそれに伴う負担が想定された。さらに、精神障害・病弱・虚弱の数も増大していき、相談においては、二次障害の併存についての確認は欠かせないものとなった。

掘り下げ検査：高橋（2016）は、発達障害のある大学生の支援の根拠となるアセスメントについて、合理的配慮の要請においても、 発達障害の中核的な機能障害と関連する領域の評価をはじめ、社会的障壁となる生活上の制限などに及ぶ包括的なアセスメントの必要性を指摘している。ここでは、一旦名称等を列挙するにとどめ、特徴と適用上の課題は、改めて論じることとする。
①ASD
　・ADI-R・ADOS-2・PARS-TR・SRS・AASP
　・社会的行動の評価課題　　他

②ADHD
　・CAARS
　・CPT（Conners CPT（現在は 3）、IVA-CPT（現在は 2）、CAT、T.O.V.A.（Test of Variables of Attention：現在は 9）他）
③SLD
　・K-ABC・Woodcock-Johnson Ⅳ　他
④関連領域（認知機能）
　・WAIS・WMS-R
　・BADS（鹿島・三村・田渕・森山・加藤，2003）他
　＊*BADS* では、遂行（実行）機能の包括的な評価が可能。
⑤関連領域（適応水準・人格特性）
　・Vineland-Ⅱ・P-F スタディ日本語版　他

＊非言語的能力とその評価の課題：非言語性能力の評価というと、一般的に WAIS などの知能検査を用いた評価の中で行われるが、その方法では、認知能力の推定が難しい場合がある。例えば、聴覚障害がある、言語能力が著しく低い、自閉傾向などにより言語コミュニケーションに障害がある、あるいは留学生や帰国子女などで、日本語を母語とせず日本の文化知識を同年齢の日本人相応に持っていない場合などが考えられる（McCallum, Bracken, & Wasserman, 2001；島田，2016）。このような学生に対して、WAIS を実施した場合、言語性得点が低く出るだけでなく、聴覚言語コミュニケーションを通して実施される検査形式により、彼らの能力の推定が不確かとなる可能性がある。また、WAIS など、日本人向けに標準化された非言語性課題には、課題の内容に日本の文化的な背景が反映されているものもあるため、留学生や帰国子女が受けた場合には、非言語性得点が低くなる可能性も否めない（島田，2016）。このような点を考慮し評価するには、RPCM レーヴン色彩マトリックス検査（杉下・山崎，1993）などのマトリックス検査が利用できる（McCallum et al., 2001）。また、この検査は、非言語での実施が可能であるだけでなく、文化の影響を受けにくいことも報告されている（杉下・山崎，1993）。日本語版の対象年齢は 45 歳以上とされているが、小学生への利用に関して、その信頼性と妥当性が検証されている（宇野・新家・春原・金子，2005；

55

兜森・武田, 2008）。なお、米国においては、レーヴン式の検査が複数開発されており、日本版となる色彩版（The Colored Progressive Matrices）では、11歳以下の小児や認知機能障害のある高齢の成人に対する使用が適切とされ、青年・成人期の場合には、標準版（The Standard Progressive Matrices）を使用することが推奨されている。マトリクッス検査は、実施が比較的簡便なため、スクリーニング検査に、マトリクッス検査を利用することは有用な方法のひとつであるが、合理的配慮にかかわる重要な判断を伴うアセスメントにおいては評価指標が1つしかない（Unidimensional）マトリクッス検査は不十分で、認知機能を多角的（Multidimensional）に推定する必要がある（McCallum et al.,2001）。多角的な認知能力の評価については、Universal Nonverbal Intelligence Test: UNIT（Bracken & McCallum,1998）の日本版の開発も試みられている（Shimada, et al.,2016）。UNIT では、推理と記憶に関する能力の評価に加えて、ウェクスラー式でいう言語・非言語性に相当する認知機能の推定が可能とされている。ただし、この検査は対象年齢5〜18歳となっているため、大学生の利用に関しては、対象年齢が限定される。2016年に米国で UNIT の改訂版（Bracken & McCallum,2016）が開発されており、改訂版については、21歳11か月まで利用可能となり、改訂版の日本国内での開発が進めば、大学生への利用も期待される（篠田・島田・篠田,2017）。

適用上の課題：取り上げた自己評価式の尺度を利用する際、困難さのある学生には、自己評価の容易でない項目に、回答の際は難しさが生じる。さらに、自己評価の結果が、支援ニーズに直結しにくいこともあり、支援ニーズの特定には困り感に注目することの有用性も少なくない。なお、評価においては、検査の妥当性に十分に留意することが、詐病防止の観点からも必要である。加えて、アセスメントの包括性という点では、川久保（2016）が指摘する多元的な理解が求められるところである。その中でも、自己理解との関連は、生きにくさの理解と支援の糸口につながる重要な鍵となっている。実際の支援プランの起案においては、精神障害の有無、発達の偏り、知的水準／認知特性、心理的状況、環境、適応水準に加え、自己像にかかわるアセスメントに気を配りたい。自己像の適切かつ肯定的な理解、さらに心身の状態の自己モニタリングも含め、アセスメントを通し

て、その深化を支援していく過程が欠かせない。この作業は、生きやすさの獲得につながるアイデンティティの確立の上で、自己認識・自己評価を肯定的かつ確かなものとし、発達障害の重症度の確認や無理な治療目標の設定に拘泥することを回避しうるものとなる。得手不得手を含めて、その特性を理解し、具体的な対応を理解しやすいコミュニケーションのスタイル（具体的な視覚的提示など）を用いて提案することで、成果を積み上げつつ適応的な修学を支えることが可能となろう。

スキル支援と自己理解の深化への活用：自己評定式質問紙による支援ニーズの把握や掘り下げ検査を含め、多元的なアセスメントに基づく、優先度を考慮した支援計画の策定につながる評価手法をまず取り上げた。評価は具体的な課題設定と取り組みに活かされて、はじめてその教育的効果が確かなものとなる。例えば、ADHD や ASD の特性に着目した尺度による検討では、共通の課題として進路決定支援の必要性が指摘された（篠田・篠田, 2017）。ADHD のある学生を想定したワークショップ形式の予防的介入プログラムでは、不注意に関する自己理解の深化がみられ、個に応じた注意の特徴理解とプランニングスキルの獲得が進路決定支援の一助となりうることも指摘された（篠田・沢崎・石井, 2013）。さらに、社会的スキルを高めるには、実際の社会的相互作用の機会を通じて、スキルの向上を図れるよう、自己理解の深化へ向けて、より実践的な評価と支援の必要なことも事実である。

青年期・成人期発達障害に関するアセスメント・ツールは依然として限られている現状にあるが、医療機関では診断に必要なアセスメントの開発と適用の取り組みも進んでいる。一方、大学の支援機関では、学生の困り感に基づいた配慮に際し、障害特性の評価における限られた資源のなか、手探りの形で乏しい根拠をもって向き合うことも余儀なくされる。特別支援教育で重視される Response to Intervention（RTI）モデルのように教育的介入に対する反応から見立てていくことも重要ではあるが、配慮の根拠が不鮮明であると教職員の理解を得にくいことが少なくない。こうした点から、限られた時間と資源の中でも有用なアセスメントをさらに考えていきたい。

次に、青年期にある大学生に適用可能なアセスメントを検討していくにあたり、児童・思春期の発達障害児・者において利用される代表的なアセスメントを概略しておく。なお、背景にある神経基盤も想定しつつ、障害特性の把握に有効な心理教育的評価法については、試行的な掘り下げ検査も含めて検討していく。

3．児童・思春期の標準的な心理教育的評価
(1)ADHD に関する標準的な検査バッテリー

　ここでは、「注意欠如・多動症－ADHD－の診断・治療ガイドライン」第1版～第5版において提起された ADHD の診断にかかわる検査を概観する。なお、困り感尺度やブロードバンドのチェックリストなどはすでに取り上げた。これまで、基本的にウェクスラー式知能検査や描画テストを用いて、認知面、行動面、情緒面を包括的に評価することは多く行われてきた（太田・飯田・岩坂，2013）。第4版では、DSM-5 に準拠し、成人期の ADHD に関する評価について、Conners' Adult ADHD Rating Scale（CAARS）日本語版およびその短縮版 CAARS-SV（高橋他，2011）が、簡易尺度として Adult ADHD Self-Report Scale（ASRS）の日本語版も紹介されているほか、QOL に関する尺度として、Adult ADHD Quality of Life Measure（AAQOL）が、また実行機能に関連した尺度として、Behavior Rating Inventory of Executive Function（BRIEF-A）が取り上げられている（根來，2016）。第5版では、エキスパート・アンケートを踏まえて、評価ツールの改訂や追加も幅広く取り上げられた（例えば、児童期・青年期の ADHD 評価スケール（ADHD-RS-5）、子どもの強さと困難さアンケート(SDQ)，発達障害の要支援度評価尺度（MSPA），子どもの日常生活チェックリスト（QCD），反抗挑戦性評価尺度（ODBI）他）。また、掘り下げ検査にあたる評価でも、機能的近赤外線分光法（fNIRS）による脳機能画像の知見をはじめ、神経学的・神経心理学的な評価も多彩なものとなっているが（例えば、Trail Making Test(TMT),前頭葉機能評価法（FAB）,CAT の1項目から独立した CAT-CPT2 等）、その有効性・優先性、課題遂行状況における諸要因の生態学的検討と個人差の問題には依然として慎重な判断が求められる（鈴木，2022，2023）。評価に際しては、人格検査を含み全体像を把握するよう努めるものの、臨床実践の上ではバランスのとれたものとなるよう配慮する必要がある（齋藤，2022）。また、第5版で追記された成人期に到る

新たな知見（例えば、小坂(2022)）に触れることも有益である。

①知能テスト・学習能力のテスト

- WISC-Ⅲ、Ⅳ（Ⅳ；上野他，2010、現在はⅤ；上野他，2021）
- K-ABC（現在はⅡ；藤田他，2013）
- DN-CAS 認知評価システム日本語版（前川・中山・岡崎，2007）

　ガイドライン第1版〜第3版では WISC-Ⅲ、第4版では WISC-Ⅳ、第5版では WISC-Ⅴが取り上げられるに到っている。WISC-Ⅲでは、先行研究から、言語性 IQ＜動作性 IQ、群指数では知覚統合の優位、注意記憶の劣位、また SCAD プロフィールとして知られる特定の下位検査（記号探し、符号、算数、数唱）の劣位が示唆されるものの、個人差が大きいことに留意が求められている（前川・岡崎，2008）。WISC-Ⅳでは、全検査 IQ に再編された言語理解、知覚推理、ワーキングメモリ、処理速度の各指標において、言語理解・知覚統合に比してワーキングメモリ・処理速度が低く、下位検査の符号・算数における劣位も示唆された。プロセス分析を含めて各人の背景を検証し、困難さの認識や支援ニーズを確認しておくことが欠かせないとされる（中田，2016）。WISC-Ⅴの利用が可能となったこともあり、知覚推理が視空間と流動性推理指標に置き換わるなど、改訂された主要指標・補助指標を用いた評価と実施・フィードバックへの留意点も詳述されているが（岡田・中田，2022）、行動観察を慎重に行うとともに、個人内差を丁寧に読み解き、一様でない特徴を把握することの重要性が再認識される。K-ABC では、継次処理・同時処理・認知処理・習得度の各尺度得点において、継次＜同時のアンバランスが示唆され、習得度の個人差も大きいことに留意が求められている。なお、KABC-Ⅱでは、計画・学習能力、流動性・結晶性知能の評価が加わり、より広範な評価が可能となっている。さらに、DN-CAS では、プランニング、注意を加えた実行機能を評価することで、その未成熟な様相の把握が可能となっており、WISC による評価の妥当性検証にも有用な検査となる。

②注意力・衝動性の検査

- CPT
- アクチグラフ（actigraph）　体動計

・MFFT（Matching Familiar Figure Test；Kagan, 1966）

・CAT（Clinical Assessment for Attention；日本高次脳機能障害学会，2006）

　CAT-R・CAS（標準注意検査法・標準意欲検査法、現在は改訂版）にも、CPT検査であるCAT-CPT2（持続性注意検査2）が含まれている（日本高次脳機能障害学会，2022）。

・WCST（Wisconsin Card Sorting Test）

・落ち着き度測定装置（Spectratech社製）

　注意集中力検査として使用されるCPTは、視聴覚統合型のIVA CPTおよび視覚X課題のCPTが紹介されている。前者については学齢期の定型発達児に関する篠田（2003）の報告が、また後者についてはADHD児と定型発達児との比較、ならびにADHD児への薬物療法の効果判定を検討した山田（2002）の報告がある。さらに、韓国で開発されたAdvanced Test of Attention（Fujioka et al.,2016）、国内で開発されたもぐらーず（のるぷろライトシステムズ；安原・吉田・堀，2003）の利用もなされている。CPT課題の実施に際し、体動数を定量化できるアクチグラフと組み合わせることで、検査時の行動特徴（特に多動性）を把握することも可能である。なお、衝動性については、簡便に評価できる非言語性の検査であるMFFTにより評価を実施しておくことも有効であり、いずれも参考となる値が上林（2003）により報告されている。成人を対象に開発された標準注意検査CATでは、未成年での標準化はされていないが、ADHDの神経心理学的障害の包括的評価には、下位検査の聴覚性検出課題やPosition Stroop Test等を学齢期の対象者にも応用できる可能性があるとされている。

　WCSTについては、健常児との成績に差はないものの、ASD群はADHD群に比べて認知的柔軟性にかかわる下位尺度で劣位となることが示唆されている（牛島，2016）。さらに、新たな検査として、逆ストループ課題を用いたおちつき度測定装置（6歳-15歳；例えば、Yasumura et al.,2017）が開発されている。ただし、いずれも診断を確定させるためのものではない。

③行動観察・投影法

・自由遊戯場面

・画（描画テスト・P-Fスタディ）・　文章完成法・箱庭

・ロールシャッハ・テスト

・TAT 絵画統覚検査

　ADHD の診断に使われる心理検査の中では、知能テストに次いで、描画テスト、P-F スタディ、文章完成法の使用が 2 割以上の医療機関等で併用されていることから（太田・飯田・岩坂, 2013）、児童ではプレイルームでの行動観察に加え、臨床描画法の適用が選択される機会が多くなっている。

④**医学的検査（以下の略語は神経生理用語補足参照：92頁）**

・脳波（基礎律動、帯域成分他）

・事象関連電位（P300、Nd、MMN、N2（NoGO）成分他）

・脳形態画像（CT、MRI、DTI）

・脳機能画像（SPECT、PET、fMRI、NIRS、EEG/ERP Topography）

・血液検査（甲状腺機能の評価を含む）

・心電図（薬物療法の影響の確認）

・微細神経学的検査

　医学的検査は、脳損傷・てんかんの有無などを確認する上では欠かせない検査とされる。脳形態画像においては、定型発達児・者との発達上の差異を示唆する知見があり、脳機能画像からは Sonuga-Barke, Bitsakou, & Thompson（2010）の Triple Pathway モデル（実行機能、遅延報酬、時間処理）にかかわる前頭前野や線条体などのネットワークの機能不全、さらに安静時に優勢となるデフォルトモード・ネットワークの切り替え不全も示唆されている。ただし、脳画像から得られる指標を用いた評価は、発達による個人差が大きく影響するため、薬物療法等の介入効果の評価には、個人内差を慎重に検討する必要がある。加えて、DCD の併存を考慮する際には、微細神経学的検査も重視される。

(2)SLD に関する標準的な検査バッテリー（DCD、コミュニケーション障害を含む）

①**知能テスト・学習力のテスト**

　・WISC（同上）

　・K-ABC（同上）

上述した ADHD における特徴の併存に留意しつつ、言語理解、単語（長期記憶・語彙）、ワーキングメモリ（視・聴覚）、知覚統合・処理速度、符号（協調運動）を精査し、障害特性を検討することができる。

・精研式読み書き検査（稲垣，2010）

　精研式では、ウェクスラー式検査で 85 以上の正常知能を確認し、症状チェック表で 7 項目以上が陽性となることを前提としている。その上で、ひらがな読み検査として、単音連続読み検査・単語速読検査・単文音読検査により、音読時間が平均+2SD を超えるか、読み誤りの個数が平均よりも明らかに多いといった点が複数みられるかを基準として問題把握を行う。

・STRAW（現在は、STRAW-R；宇野・春原・金子，2017）

・URAWSS（現在は、URAWSS II および English；河野・平林・中邑，2017；村田・平林・河野・中邑，2017）

　いずれも、読み書き到達度（正確性・流暢性）を評価することができる。STRAW-R では、速読命名課題である Rapid Automatized Naming（RAN）が含まれている。

②読み書きに関連する神経心理検査等（視知覚認知・記憶力・言語機能他）

（視知覚認知）

・レーヴン色彩マトリックス検査（杉下・山崎，1993）

・フロスティッグ視知覚発達検査（DTVP；飯鉢・鈴木・茂木,1977）

・眼球運動発達検査（DEM；Garzia, Richman, Nicholson, & Gaines,1990）

・視覚ストレス・アセスメント（Visual Stress Assessment Pack, Crossbow Education 社製）

・視線解析装置（例えば、Gazefinder, JVC ケンウッド社製）

（記憶）

・ウェクスラー記憶検査（WMS-R；杉下，2001）

・ベントン視覚記銘検査（BVRT；高橋，1995）

・Rey 複雑図形検査（ROCFT；例えば、萱村・中嶋・坂本，1997）

（言語）

・標準抽象語理解力検査（春原・金子，2002）

・聴覚言語性学習検査（Rey Auditory Verbal Learning Test（RAVLT）；例え

ば、若松・穴水・加藤,2003）

・失語症語彙検査（TLPA；藤田他,2000）

・精研式文章完成法テスト（SCT；佐野・槇田,1960）

・J.COSS 日本語理解テスト（中川・小山・須賀, 2010）

（運動）

・随意運動発達検査（田中, 1990）

・Movement Assessment Battery for Children-2（MABC-2）日本語版（例え
ば、Kita et al.,2016）

　すでに、神経心理検査として、臨床上の適用がなされているものも少なくな
いが、日本語版の標準化作業が進行中のもの、あるいは実験的に試行されてい
るものもある。視知覚認知では、眼球運動の巧緻性や視覚過敏（アーレン・シ
ンドローム等）に関する評価と支援も試みられている。視覚性の記憶の諸特性
の評価、また言語においても、文法、読解と言語的理解を掘り下げて評価する
際には、標準抽象語理解力検査やJ.COSS 日本語理解テストなど独自の検査が
開発されており、RAN を用いた読み能力の妥当性検証も可能となりつつある。
さらに、運動協調の発達に関する評価にも有効な検査の開発がなされており、
DCD の評価と支援にも寄与することが期待される。

③医学的検査

・MRI/CT、SPECT、fMRI、ERP 等

　SLD に関連する部位として、読字（黙読）課題中の機能障害部位が fMRI に
よる研究で検討されている（例えば、Shaywitz,2003）。また、MRI/CT では後
頭葉－側頭葉の病変の有無について確認がなされ、SPECT では左角回を含む
頭頂－後頭葉領域の局所血流量低下が、事象関連電位（ERP）では視覚性オド
ボール課題に対する P300 の低値も報告されている（稲垣, 2010）。日本語話
者に特有な病態に関する知見については、北（2015）に詳しい。

　川崎（2017）では、神経基盤に基づき学齢期の SLD の評価が概略されてお
り、参考になる。まず、読みのプロセスでは、二重経路モデル（DRC モデル）
による語彙・非語彙の両経路の処理過程に不調が生じることを想定して（左頭
頂葉下部から側頭－後頭にかかる領域）、音韻情報処理、視覚情報処理、自動
化能力（流暢性）障害の様相を把握するため、必要なアセスメントを組み立て

ることが有効とされる。その際、全般的な知能検査を必須とするものの、短所
となる能力の解釈は慎重に、多元的なアセスメントをすることが求められてい
る。

　読み書き到達度の評価には、流暢性と正確性を中心に、精研式読み書き検査
（音読流暢性検査：読み）、STRAW（読み＋書き）、KABC-Ⅱ（習得度）の評
価に学年配当漢字の到達度、読み書き場面の行動特徴を加味して評価していく
ことも推奨されている。さらに掘り下げて、視覚情報処理、音韻情報処理、自
動化能力をみる上では、フロスティッグ視知覚発達検査、CARD（奥村・川崎・
西岡・若宮・三浦, 2014）、STRAW-R における RAN が利用できる。語彙力、
統語力、読解力については、J.COSS 日本語理解テスト等の適用も可能であり、
包括的な読解モデルを意識したアセスメントが可能となりつつある。なお、評
価においては、乖離モデルから RTI モデルへと介入効果と併せ検討が進んでい
る。脳機能の上でも介入により関連するネットワークが変化する可塑性が示唆
されているが、大脳皮質に限らない皮質下の機能不全を指摘する知見もあり、
神経基盤には多様なバリエーションが想定される。

(3)ASD に関する標準的な検査バッテリー

　ここでは、黒田（2018ab）、萩原（2018）を参考に、簡潔に児童・思春期まで
の ASD の診断にかかわる検査を概観する。なお、困り感尺度やブロードバンドの
チェックリスト等は上述した通りである。現状では、基本的に ASD に特化した
評価尺度（質問紙、本人面接における行動観察、養育者からの成育歴聴取に基づ
くもの）、ウェクスラー式知能検査や人物画テスト、P-F スタディ等も適宜用いら
れ、予防的な把握からハイリスクが予想される際の掘り下げ評価まで、体系的な
評価が取り組まれている。

①一次・二次スクリーニングの検査

　黒田（2018a）は、検査をスクリーニングと診断評価に大別し、さらに前者をリ
スクの高低で一次・二次と分類しており、以下ではこの指摘に準じる。

（一次）

・M-CHAT 日本語版（稲田・神尾,2008）：ASD のある幼児に特徴的な行動 23
項目について、その有無を養育者が評定する尺度である。日本語版では、回答

の補助としてイラストが付されている。集団検診に有用であるが、養育者の行動認識の程度に左右される点は確認が必要である。

・ASSQ 日本語版（井伊・林・廣瀬・東條,2003）：ASD のある児童・思春期の子どもに特徴的な行動 27 項目について、その程度を養育者・教師等が評定する尺度である。高機能を前提とした項目も含まれている。

　なお、併存障害として気づかれにくい SLD、DCD、吃音、チックなどのリスクを幼児期のうちに把握する行動観察ツールとして、19 項目で簡易評価が可能な Check List of obscure disabilities in preschoolers（CLASP ; 稲垣,2019）も開発され、利用が可能である。

（二次）

・SCQ 日本語版（Rutter, Bailey, & Lord, 2003(黒田・稲田・内山,2013)）：幼児期から成人期までを対象として、養育者が ASD に特有な症状の有無を 40 項目について評定する尺度であり、「誕生から今まで」「現在（過去 3 か月）」の 2 種類の版から構成されている。養育者の子どもの行動への認識や記憶に左右されること、青年・成人期について評価できるが、その際は「誕生から今まで」に関する回顧的な評定に困難さがある。

・AQ 日本語版（若林・東條・Baron-Cohen・Wheelwright,2004）：思春期以降を対象とした自己評定尺度である。5 領域、各 10 項目について、適合度を 4 段階で評定することで、ASD 傾向を評価できる。またカットオフ値が得られており、その程度を判断する目安となる。AQ 児童版は、養育者等による他者評定尺度となっており、同様に 5 領域、50 項目で評価する。いずれも、自己評定、他者評定として、行動についての認識により左右される点がある。なお、栗田他（2003）による AQ-J、およびその短縮版も存在する。

・PARS-TR（発達障害支援のための評価研究会,2008・2018）：幼児期から成人期までを対象として、就学前・小学生・中学生以上の各年齢帯に関する質問全 57 項目について、ASD の特徴ならびに困難度を養育者から聴取し、3 段階で顕在性を評価して合計を算出する。各年齢期の得点と、幼児期に顕在化したときのピーク得点から評価でき、短縮版の利用もできる。ただし、適切な半構造化面接の実施が求められる。TR では、PARS の質問項目の解説文言が改訂されている。

・SRS-2 対人応答性尺度（Constantino & Gruber,2013（神尾他,2009；神尾,2017））：幼児から青年を対象に、養育者や教師等が対人コミュニケーションの困難さに関する 65 項目について、過去 6 か月の行動の適合度を 4 段階で評定する。ASD の中核症状ともいえる社会性障害の程度を評価でき、下位尺度ごとにその程度を詳細に検討できる。男女別の標準値があり、ASD 傾向を把握する上では有用な尺度である。ただし、養育者等の対人コミュニケーションに関する認識の程度に左右される点では、他者評定による精度の問題が存在する。

・CARS（Schopler, Reicheler, & Renner,1986（佐々木,1989））：幼児期から成人期までを対象に、15 領域において、ASD に関連する特徴を専門家による直接観察と養育者からの聴取により、重症度の段階評定と合計得点から評定するものである。重症度の全体における程度の把握など、ASD の診断だけでなく、その程度を把握する上でも有用であるが、養育者の行動認識に左右される部分がある。なお、CARS2（Schopler, Van Bourgondien, Wellman, & Love,2010）の日本語版も出版され、標準版に加え高機能版が用意されて幅広い利用が可能となっている。

（診断・評価用）

・ADI-R 日本語版（土屋・黒田・稲田,2013；黒田,2018a）：ASD 児・者を対象に、養育者から詳細な幼児期からの ASD に関連する特徴を、領域ごとに全 93 項目を聴取し、問題の程度により 4 段階で評定される。診断基準との適合性は、「診断アルゴリズム」に従い、コード化されて判定がなされるほか、「現在症アルゴリズム」による評定時の問題把握が可能となっている。ただし、養育者の症状認識の程度や記憶に左右されるため、青年期・成人期の適用には、留意が必要である。さらに、実施時間の長さ、あるいは研究使用における資格制限などの実施上の制約も少なくない。

・ADOS-2 日本語版（黒田・稲田,2015；黒田,2018a）：ASD 児・者本人を対象に、現在の行動特性を、半構造化面接場面での行動観察から ASD の特徴を年齢・言語水準に応じた 5 つのモジュールにおいて評定するものである。青年前期〜成人期は、モジュール 3・4 で評定される。各モジュールには、10 を超える課題があり、遊びや会話の中での対人相互性やコミュニケーションを具体的

な行動に基づき、問題の程度を段階評定し、全体としての総合評定を下す。「診断アルゴリズム」により、診断基準との適合度が得られるほか、重症度の評価も可能である。専門家の直接観察による確かな現状評定であり、養育者の判断に左右されることがない。ただし、検査場面で観察されにくい行動やモジュール4では、行動特徴の中に他の精神障害でも観察され鑑別が難しい点も含まれており、ADI-Rをはじめ、他の評定法を併用することも必要である。研究資格に関する使用には、ADI-Rと同様の資格取得の制約がある。現在、ADI-R、ADOS-2は、研究あるいは診断に際し、ゴールド・スタンダードとされているが、さらなる検証が精度の上では必要との知見もあり(例えば、Maddox et al., 2017)、今後の国際的スタンダードの開発に、新たな展開も予想される。

・DISCO（Wing, Leekam, Libby, Gould, & Larcombe, 2002）：養育者に対し半構造化面接で、ASDに関連する症状について、幅広く質問項目の聴取を行い、併存症等も含む総合的な診断に有効とされる。評価者による判断となり、診断アルゴリズムはない。

（掘り下げ検査・併存症の確認）

　土屋他（2015）では、視線解析装置Gazefinder（JVCケンウッド社製）を用いた乳幼児期の視線の評価により、ASDのリスクを評価できることが報告されている。

　なお、精神障害の併存については、精神疾患の簡易構造化面接法であるM.I.N.Iによる評価もなされている。

②適応行動・感覚処理特性

・Vineland-Ⅱ 日本語版（辻井・村上,2014）：乳幼児から成人まで、障害の有無にかかわらず日常的に行われている適応行動を4領域（下位領域と適用条件がある）のスキル等と不適応行動（4領域中3領域）から評価し、適応行動総合点と下位尺度のプロフィールを得ることができる。一方、養育者等を対象とした半構造化面接において、対話に基づき総合的に評定していく難しさはある。適応状況は固定的なものではないが、標準サンプルと比較した解釈により、ASD諸特性の把握に加え、青年期で顕在化しやすい認知的能力と適応水準の乖離を検討できる。本評価では、必要なスキルなどの適応支援の戦略を検討する上でも有用な情報が得られる。

・感覚プロファイル・シリーズ日本版（辻井,2015ab）：乳幼児期、青年・成人期に特化したプロファイルを含む3シリーズで構成されている。青年期・成人期版（AASP）は自己評定式であるが、乳幼児時期（ITSP）および児童期以降（SP）版は養育者等の他者評定式となっている。ASD のある青年・成人では他者評定を併用することで、自己認知の歪みを回避し、自他評価の相違を確認できるよう、日本版では SP の適用年齢上限が AASP と同じとなっている。評定は、感覚処理、調整、行動・感情反応といった各セクションの項目について、5 段階で頻度を回答し、重みづけ処理をした合計点が標準サンプルにおけるパーセンタイルに基づき 5 段階に分類し評価される。さらに、Dunn（1997）による低登録・感覚探求・感覚過敏・感覚回避の4象限の分類プロファイルにあてはめた評価が可能である。解釈には、感覚処理特性に関する一定の知識が必要であり、適応状況なども勘案して評価していくことがのぞまれる。

③知能テスト・学習能力のテスト
・新版 K 式発達検査（新版 K 式発達検査研究会,2001）
・WPPSI-Ⅲ（日本版 WPPSI-Ⅲ 刊行委員会,2017）
・田中ビネー知能検査Ⅴ（田中教育研究所,2005）
・WISC（同上）
・K-ABC（同上）

　新版 K 式発達検査では、姿勢・運動、認知・適応、言語・社会の3領域にわたり、発達年齢・発達指数から全体の発達水準やバランスをみることができる。ASD 幼児では、言語・社会の発達年齢が相対的に低くなる。さらに、一連のこれら認知機能を評価する検査を用いて、幼児期では、知的発達の程度を把握し、知的障害の有無を確認していくことが重要である。

　特に、WISC を用いた ASD における認知機能障害については、ASD の診断名に先行した広汎性発達障害（PDD）、アスペルガー症候群を対象として、多くの検討がなされてきた。その中で、確定的なものではないが、WISC-Ⅳで観察されやすいパターンが2点指摘されている（松田,2015）。ひとつは、4つの指標の中で、視覚優位を反映する知覚推理指標（PRI）を除くと、残りの指標の得点が低く、言語発達や習得知識、あるいは知的発達全般の未熟さが示唆される広汎性発達障害でみられるパターンである。もうひとつは、アスペルガー

症候群などで、言語理解指標（VCI）に反映される言語発達は良好だが、ワーキングメモリ指標（WMI）、それ以上に処理速度指標（PSI）の弱さを認めるパターンである。知的発達の程度によりパターンは異なるが、PSIの弱さが課題となる点には、留意しておきたい。なお、VCIの下位検査である「理解」に弱さがみられることもあり、状況理解の能力として確認しておきたい。以上の特定のパターンの背景に、視覚優位性や実行機能障害が想定されるが、社会的な認知機能の力とその障害を評価する体系的なモデルが確立されるには、さらなる検証の積み重ねが求められている。

　ところで、木谷（2017）は、4つの代表的事例の検討（カナータイプ、アスペルガータイプ、ADHD併存タイプ、感覚過敏タイプ）を通して、合成得点パターンによるWISC-IVの評価について、適用上の課題を指摘している。WMI、PSIは環境適応能力の評価に、また流動性推論に関連するPRIは社会的状況理解力の評価に有用ではあるが、すでに獲得されている適応戦略に照らし合わせての理解が必要なこと、適用に際して前頭葉機能が未成熟とされる10歳未満では課題負担が大きいことへの配慮が必要となることも指摘している。

④行動観察・投影法
・自由遊戯場面
・画（描画テスト・P-Fスタディ）・文章完成法・箱庭

　P-Fスタディ日本語版（原版はRosenzweig, 1978；秦他, 2020）では、成人用第III版が出版された際、大学生を含む標準化が図られている。成人期のASDでも、児童期と同様、評定不可能反応（U反応）が特徴的にみられるとする報告が多い（例えば、白神・筒井・萩原他,2013）。

・ロールシャッハ・テスト

　天満（2023）による国内で報告されたASD研究のレビューでは、形態反応の多さや人間反応の少なさをはじめとする諸特徴が指摘されており参考になる。

・TAT　絵画統覚検査（児童版は、現在絶版となっている）

　臨床描画法では、独特な認知やこだわり、また人物の扱いに、P-Fスタディでは、対人コミュニケーション場面について、独特さを指摘する報告があり、ASDの特徴を評価する上では参考になる。

⑤医学的検査

・脳波（基礎律動、帯域成分他）・ 事象関連電位（P300、MMN、N170 成分他）
・脳形態画像（CT、MRI、DTI）
・脳機能画像（SPECT、PET、fMRI、NIRS、EEG/ERP Topography）
・微細神経学的検査

　医学的検査は、脳損傷・てんかんの有無などを確認する上では欠かせない検査とされる。脳形態画像・脳機能画像においては、定型発達児・者との発達上の差異を示唆する知見があり、近年は社会脳に関する脳内ネットワークの機能不全も検証されてきた。なお、双生児研究をはじめ遺伝に関する研究からはヘテロジーニアスな疾患と考えられており、胎内環境、周産期障害との関連を指摘する研究もある。認知神経科学的な仮説に、Frith（2003）が提起した、「弱い全体的統合（ソフトマッチング）障害」や、「心の理論障害」、「実行機能障害」等が知られており、ミラーニューロン機能を背景とする「共感障害」、社会的アタッチメントの障害や感覚異常、記憶や接近－回避にかかわる海馬・扁桃体機能障害、顔・表情認知にかかわる紡錘状回や上側頭溝を含むネットワークの異常など多くの議論や知見が報告されている。総じて、ボトムアップ処理が強く、トップダウン処理がうまく機能しない、デカップリングの状況が生じるとして、Frith のいうトップダウン障害が想定されることを、谷口（2018）は様々な知見を踏まえ論じている。 加えて、乳幼児期からのアタッチメント形成支援につながる評価の重要性も指摘される。認知神経科学的な検討は、障害仮説の検証に向きがちであるが、近年の当事者研究（例えば、熊谷，2018）の指摘を踏まえると、ボトムアップとトップダウンの調和を求めることがマジョリティーにおける処理であれば、マジョリティーに応じた調和を当事者に求めることは、過剰適応へのコスト増に他ならないことも示唆される。むしろ、強い処理を活かした適応支援につながるよう、その特性評価にはのぞみたい。

４．青年期・成人期の心理教育的評価

(1)ADHD・SLD に関する検査

　本人の評価と他者の評価：一次的な評価としては、ADHD 関連困り感尺度や読み書き支援ニーズ尺度（RaWSN：高橋・三谷,2022）が自己評定用尺度として開

発されている。併存する問題等については、ASR の適用が自己評定式として利用可能であるほか、同じ ASEBA シリーズの ABCL（Adult Behavior Checklist）が他者評定用として利用できる。

ウェクスラー式知能検査等：国内でも、知能に関する CHC 理論への対応を進めた WAIS-Ⅳが利用されているが（Ⅳでは合成得点の算出、知覚推理指標の変更を中心に測度の改善が施された）、WAIS-Ⅲ（藤田・前川・大六・山中,2006）が現行であった当時、大六（2011）は ADHD および SLD について、次のような特徴を指摘している。

ADHD では、処理速度の低下が認められやすく、背景にはワーキングメモリの脆弱性、プランニングの拙さ、意欲、筆記スキルの問題を考慮する必要がある。処理速度の低下は、ADHD に限って認められるわけではなく、背景となる能力の問題は ASD や SLD でも検討がのぞましい。なお、すでに SCAD プロフィールとして知られる「記号探し」「符号」「算数」「数唱」（群指数としては「作動記憶」「処理速度」）の低値を認めることはあるが、事例による相違も大きく、一様ではないことに留意が求められた。SLD では、読み書き困難の背景にワーキングメモリの脆弱性が想定される場合、音韻障害にも共通する問題が示唆され、下位尺度として、「数唱」「語音整列」「算数」の低値が、さらに処理速度の「符号」の低値には、筆記速度の問題も想定されるなど、読み書き障害に関連する課題を見出すこともできる。合理的配慮の立案では、低値となった背景を事例ごとに掘り下げて検証する、あるいは試行的な配慮事項とし、その対応の効果をみることが重要である。加えて、支援では、強みとなる処理が自覚され、いかに活用するかという点にも注目していくことが欠かせない。

ところで、DN-CAS、K-ABCⅡは、ADHD、SLD についての有効な評価を児童・思春期を対象に提供するが、前者では 17 歳 11 か月、後者は 18 歳 11 か月が上限となっている。そのため、年齢上限の基準をもとに大学生を評価しうることも示唆され、前者では、「注意」「プランニング」また方略の未熟さを指摘する報告（青木・佐々木・岡崎，2016）があり、後者では習得度尺度ならびにその下位尺度により読み書きの問題を検討することができる。

(2)ADHD・SLD に関する掘り下げ検査

①ADHD に関する検査

・注意：CPT、特に IVA CPT は、6〜96 歳と対象年齢が幅広く、大学生を対象に ADHD 困り感尺度下位尺度との間に一定の相関が得られたことを、岩渕他（2013）は報告している。

・衝動性：MFFT に準じた線画同定課題（金子・宇野・春原・粟屋, 2013）では、成人期を含めた検討がなされ、短い初発反応時間、お手つき数の多さが指摘されている。その他、Flanker 課題による速度−精度相反性に基づく評価（Suzuki & Shinoda, 2010）も参考となる。

・時間感覚：青年期を対象に、遅延嫌悪を評価するために遅延フラストレーション課題（DeFT）が開発されているが、国内では修正版時間再生課題（高橋・宮本,2015）の報告があり、報酬遅延を回避する衝動的な行動が時間情報の処理に影響することが示唆されている。

・実行機能：WCST 課題、ギャンブリング課題、トレイルメイキング課題、ストループ・逆ストループ課題、n-back 課題など、青年期の定型発達者を対象とした国内の研究報告を参考に検討することも可能である。また、医療領域では、CAT、BRIEF-A の利用についても報告されている。なお、これらの掘り下げ検査の前提となる障害特性の評価として、大学生を対象とした困り感尺度、特性尺度が開発されており、例えば 大学生版 ADHD 特性尺度（篠田, 2017）も参考となる。

②SLD に関する検査

・読み書きの困り感と流暢性：大学生を対象とした読み書き困り感尺度と黙読・音読・視写から構成された読み書き流暢性課題（Reading and Writing Fluency Task: RaWF）が開発されている（三谷他,2016ab；三谷・高橋,2016; 高橋・三谷,2022）。RaWF では、主観的な読み書き困難の背景を、掘り下げて検討することができる。

・音読の流暢性：速読課題としての RAN（STRAW-R に採録）を用いて音読力を予測でき、高校 3 年生の基準値を参考にすることができる（宇野・春原・金子, 2017）。

・記憶：ウェクスラー記憶検査（WMS-R；杉下, 2001）

・失語症関連の検査：標準失語症検査（SLTA；日本高次脳機能障害学会, 2003）、

WAB 失語症検査（杉下,2006）、SALA 失語症検査（藤林他,2004）。いずれも、読む・書く・聞く・話すにかかわる特定の処理過程を含む。

標準化された検査に限らず、実験的な評価でも一定の標準的な母集団の特徴を把握し、個人の逸脱度を確認することで、その集団適応に必要な能力を確認できる。ただし、ワーキングメモリの能力など学部学科等で求められる専門性を勘案すると、各集団での差異も想定されることには気をつけたい。

(3)ASD に関する検査

ここでは、「成人期の自閉症スペクトラム診療実践マニュアル」において提起された成人期の ASD の評価にかかわる検査を概観する。診断アルゴリズムには、受診時に精神病等の急性期症状がみられるときは、まずその対応が求められるが、最初に ASD に特徴的な主症状、難治性の精神障害・パーソナリティ障害の既往歴、同胞の ASD 診断歴の有無等が確認される。次いで、スクリーニング検査（PARS-TR（幼児項目）、AQ-J（本人用）、SRS-2A（本人用、他者用））、ウェクスラー式知能検査、脳波・頭部画像検査・その他の身体検査他が実施される。ASDが疑われる場合、より詳細な診断評価として、現病歴、成育歴、家族歴の聴取（ASDに特有な認知・言語特性の確認と面接上の工夫を含む）、診断面接（PARS-TR、ADI-R、ADOS-2）を実施する。その上で、合併する精神障害・パーソナリティ障害への対応を含む、総合的な治療方針の決定に到る。なお、ASD と診断できない場合でも、受診に到った問題への対応を行うよう説明されている（高橋,2012）。性差による特徴の相違や、環境との適合度でも症状は異なり、症状が改善することも指摘されている（神尾,2012a）。

ASD の認知・言語特性に関する神尾（2012b）の解説では、強み・弱みと支援とのつながりが簡略に整理されている。説明に従うと、語彙においては、その豊富さや言語センスといった強みがあるものの、語用では言外の意味の読み取り等の難しさが、またプロソディーでは、抑揚からの感情理解や発話における調整の難しさが弱みとして指摘され、言語的コミュニケーションの失敗につながりやすいことから適切な対応戦略の獲得がのぞまれている。記憶においては、断片的かつ特定の対物的な内容に集中しがちであり、サバンのような強みともなるが、想起において特異なタイムスリップもみられ、パニックにつながるなどの弱みもあ

り、記憶の体系化の支援や短期の EMDR（眼球運動による脱感作と再処理法）適用の必要性も生じる。また、顔の記憶にも、困難さがある。さらに、注意・遂行においては、注意の過集中が強みともなるが、切り替え困難により、部分と全体を柔軟に見渡すことが難しい。遂行機能としても、ルーティンワークに強みを持つ一方で、セットシフトを伴う、あるいは複数の同時処理を伴う場合など、ワーキングメモリ負荷の大きな学習や作業に時間がかかる弱みには、学習や作業環境の構造化支援が求められる。感覚過敏も強みより弱みとなりやすく、その軽減策が必要となる。対人面でも、過度な礼儀正しさや素直さがみられる反面、共感性の乏しさが対人コミュニケーションの失敗に、不適切なコーピングも対人不安につながることがあり、SST などの対人コミュニケーション支援のニーズは高い。いずれのことも、重要な進路決定支援に際し、キャリア展開において強み・弱みとなる。なお、以下の評価手法を含め、図7に簡易アセスメント案を提示した。

　本人の評価と他者の評価：一次的な評価としては、ASD 関連困り感尺度、さらに併存する問題等を幅広く評価する ASR、ABCL による検討は自他の評価として、役立つものである。

　青年期にある大学生を対象とする評価においては、保護者等の養育者の面談機会が得られ、本人・養育者の同意が得られた場合には、PARS-TR、SCQ 日本語版、SRS の適用が二次的評価として可能であるが、SRS の一部を除き、いずれも回答者の行動認識の程度が問われ、回顧的な過去の特徴評定には精度上の制約がある。また、診断評価用とされる ADI-R にも、同様な問題が含まれる。さらに、半構造化された行動観察による ADOS-2 では、モジュール4 あるいは3 を併用した評価が可能であるが、実施の上では医療機関等の専門的な評価として、情報提供を受けての活用が主となるであろう。CARS2 も、観察が含まれている点では同様で、DISCO も医療機関での実施となる。一方、本人の同意の下、AQ 日本語版は、ASD 傾向を確認する上で使用しやすい自己評定式尺度である。加えて、Vineland-II 適応行動尺度、感覚プロファイル・シリーズとも、養育者による回答という点での課題はあるものの適用が可能である。感覚プロファイルは、青年期・成人期を対象とした AASP が自己評定版となっている点で適用しやすいが、精度の上では、他者評定式の SP との併用も考慮したい。

　ウェクスラー式知能検査等：国内では WAIS-IVが使用されているが、WAIS-III

（日本版 WAIS-Ⅲ刊行委員会, 2006）までの適用に関する報告で、大六（2011）は次のような ASD の特徴に言及している。一貫して指摘されてきたことは、言語性下位検査における「理解」の低さ、動作性下位検査における「積木模様」の高さがあり、前者には社会性障害、後者には全体的統合の弱さが、さらに「算数」「類似」も高い場合、システム化能力の高さが反映されたものと考えられている。一方、アスペルガー症候群や PDD-NOS の診断の広まりなども受け、報告される特徴がより多様化し、個人差も大きいことから、その特徴のみから鑑別診断をすることはできないことへの留意が求められた。なお、「符号」に低さがみられた場合は、処理速度の低下につながる課題も想定されるが、WAIS-Ⅳにおいても、上述した尺度は継続して利用可能であり、処理速度に加え、ワーキングメモリ、流動性推理の測度改善も図られたことから、ASD の特徴を精査する上では有益なものとなった。

(4)ASD に関する掘り下げ検査

・マインドリーディング：藤岡・森光・高橋（2011）により暗黙の理解など、シナリオにある社会的行動の適切さを評価するマインドリーディング課題である、社会的行動の評価課題（SoBA Task）の利用が可能である。また、感情と社会的文脈の読み取り課題（ESCoRT）も開発されている。

・表情識別：高橋（2011）は、F&T 感情識別課題（向後・越川, 2000）による音声のみ、映像のみ、音声を伴う映像の 3 条件で 4 種の感情を判断する識別課題をさらに発展させ、難易度を調整した感情認知課題（ERT）を開発し利用が可能である。

・プロソディ（抑揚）：高橋（2011）による ERT には、抑揚を含む字義情報の処理の適切性を評価する課題が含まれており、併せて利用が可能である。

・実行機能：WCST 課題、ストループ課題、Go-NoGo 課題、ハノイの塔、言語流暢性課題他、青年期の定型発達者を対象とした国内の研究報告を参考に検討することが可能である。

認知的柔軟性に関する尺度としては、大学生版認知的柔軟性尺度（篠田・高橋・高橋・篠田,2018）も ASD 特性や ADHD 特性との関連を認めており（篠田・高橋・篠田・高橋, 2018）、参考になる尺度である。

・視線計測：顔刺激を用いた顔情報処理、また対人コミュニケーション場面の動画等を用いた社会的情報処理の特徴を、視線解析により評価することが可能である。

・その他、ADHD・SLD の併存性を評価する課題：ADHD・SLD に関する上記参照。

　標準化された検査に限らず、視線解析など実験的な評価でも一定の標準的な母集団の特徴を把握し、個人の逸脱度を把握することで、その集団における適応に必要な能力を確認できる。ただし、ワーキングメモリの能力など学部学科等で求められる専門性などを勘案すると、各集団での差異も想定されることに留意すべき点は、ADHD・SLD に関するアセスメントと同様である。

　ASD のアセスメントにおいては、児童・思春期の標準的な評価が提案されてきているが、多くの心理検査で上限年齢から青年期にある大学生には適用が難しい点も、ADHD・SLD に関するアセスメントと同様である。

５．発達障害の疑われる大学生の評価と課題

　障害学生支援においては、本人の意思確認、根拠資料の収集や検討を踏まえ、合理的配慮の決定に到るまでの時間的な余裕は限られている。よって、障害特性の確認には、スクリーニングも含め迅速性を考慮した簡易評価モデルを想定し、対応していく必要がある（図7）。その際、本人が訴える困り感について、障害特性として認知・行動面の諸特徴からも掘り下げてその妥当性を確認し、併存する問題を含め把握するよう努める。新たな評価法も開発されつつあるが、既存の評価法でも対象年齢から外れるものの、一部援用が可能であれば、有益な情報となる。加えて、評価に併行し、次の点を考慮した対応を進めていくことが望まれる。

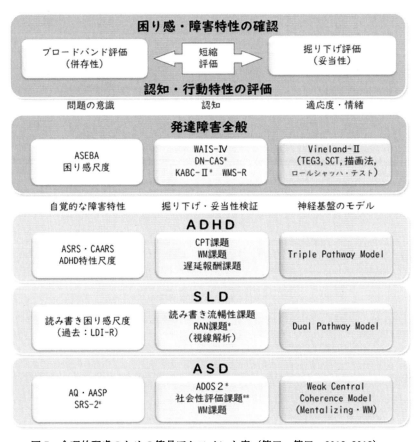

図7　合理的配慮のための簡易アセスメント案（篠田・篠田，2018, 2019）

注）学齢期（小・中）を対象とした LDI-R（上野・篁・海津，2015）でも過去の経過を確認できるほか、＊の検査では上限の一部が利用可能である。＊＊の社会性評価課題には、マインドリーディング課題、表情・抑揚識別課題に加え視線解析を含む。また、自記式性格検査として、新版 TEG 3 東大式エゴグラム（東京大学医学部心療内科 TEG 研究会，2019）も有用である。

①合理的配慮のための最少制約への取り組み（環境調整、テクニカルエイドの使用、指導上の配慮など）

②自助努力を促す成長支援のための長所の自覚（大学入学までに獲得したスキルの中に自助資源の確認をする）とその活用支援（戦略的学習支援）

③二次障害・併存障害の理解と自己管理の支援（身体および精神的健康面）

④進路決定とキャリア開発につながる適性の評価と移行支援

　①では合理的配慮の提供あるいは、事前的な配慮としての教育的支援の根拠となる障害特性の評価が不可欠であるが、同時に②以降の作業の前提となる伴走的な支援サービスの提供を想定した評価がのぞまれる。特に、長所も含めて理解をしてくれる支援者の存在は欠かせず、失敗しても粘り強く、その力の発揮を信じ見守ってくれる人々との出会いが欠かせない。例えば、SLD 当事者であり、建築家として活躍する藤堂氏の回想では、大学での指導教員から「君には才能があるのだから、それを無駄にしてはいけない。とにかく、がむしゃらに手を動かせ。」との助言に救われたことが語られている（藤堂,2011）。類まれな空間認識能力を活かして、デザインに取り組めたのは、長所活用型の可能性を信じる教員の姿勢に触れて、当事者が生きる勇気を得たからに他ならない。

　発達障害学生支援では、診断のための評価とは異なる視点として、自助資源の探索を兼ねて根拠資料を蓄積し、その特徴についての共通理解を学生と深める必要があり、フィードバックの際にも工夫が求められる。特に、自身の弱みに改めて対峙していくこともあり、肯定・否定のいずれにも気持ちが揺れ動き、時には悲哀も伴うなど、一様でない障害受容の過程が存在することを忘れてはならない。

６．学生相談を入口とした発達障害の疑われる大学生の評価とその課題

　例えば、黒田（2018b）は、大学の学生相談で公認心理師が対応した事例として、ASD が疑われる学生の例を紹介している。来談契機は履修相談であるが、修学上の困難さとして、暗黙のルール理解の困難さに伴う対人コミュニケーション、自己管理の不得手さなどの実行機能、さらに不安などの感情コントロールといった複数の課題と支援ニーズがあり、自己理解の支援から障害者雇用に関する社会参入の支援まで必要となったことが提示されている。なお、進路決定に伴う不安を勘案して、同意の下 AQ を実施し、カットオフを上回ることが確認されたという。その際、求められたアセスメントバッテリーとして、保護者・本人からの日常の課題と発達経過や将来の希望の聴取に加え、保護者を対象に、PARS-TR、

Vineland-Ⅱ、ADI-R の適用が、本人を対象に ADOS-2 モジュール4 、WAIS の適用が検討された。相談室対応の範疇では、できることが限られるため、可能であれば専門の医療機関からの情報提供を得て、それを検討することがのぞましい内容である。得られた結果から、知能水準は平均レベルであるが、言語理解が比較的良好なものの、処理速度が遅く周囲をいらつかせる原因になること、ADOS-2 モジュール4 では、意思伝達領域と相互的対人関係領域の合計点がカットオフを超え共感性に拙さがみられること、PARS-TR は幼児期でカットオフを下回るも、現在は超えていることなど、AQ も含めて、ASD が疑われるとの判断が示されている。ADHD 併存の可能性は CAARS からあまりないと判断されたが、Vineland-Ⅱの結果では社会性領域を中心に、下位領域のいずれにおいても低値であった。学生相談では、必要な合理的配慮の支援部門、地域の専門的な医療機関、就労移行支援機関（障害者や発達障害者の就労支援窓口、ジョブ・サポートや定着支援制度他）につながれるようにコンサルテーションを行うとともに、受容的なカウンセリングに加え、具体的な社会的行動支援となる方法の提示や紹介が推奨された。これらの対応は、理想的な内容ではあるが、類似の事例に遭遇する機会は増えている。

特に、障害学生支援室のような合理的配慮を検討する組織では、その根拠資料の確定に関する作業をタイムリーに行う必要がある。短期間での評価と、本人のアセスメントに関する負担を考慮し、養育者や周囲から得られる情報が限られても、評価の戦略を練る必要がある。同時に、自己理解の程度を勘案しつつ、事前的配慮（ユニバーサルな環境への調整）、教育的支援、さらに合理的配慮の必要性の判断・実施へと、喫緊の対応を図ることが日常業務となる。当然、その後のモニタリングも想定しつつ、時間のかかる評価においては、適宜そのタイミングを推しはかるため、履修や進路決定などの課題検討と併行した作業となる。この流れを効果的なものとするために、有効性の高い評価バッテリーがのぞまれる。現在、合理的配慮の根拠資料に必要な、障害特性として想定される機能障害を把握しうる確実なアセスメントは開発途上にあるが、診断等の適格性確認と併せ、合理的配慮を柔軟に検討していく上で欠かせない情報となることは確かである（桑原・池谷,2019）。

学齢期から診断を有し、合理的配慮、特別支援に関する一定の経過がある例で

は、養育者との面接機会が得られることが多く、診療情報も得られやすく、その情報の整理と検討が主となろう。獲得されてきた自助資源、強みの確認や、状況によって課題となりやすい事項、また環境調整の手段や必要性も検討しやすい。ただし、個に応じた対応を主とする、高校までの状況とは異なることへの理解を得る難しさを痛感する事例は多い。次に、入学後に本人が修学上の困難さを訴えて来談する、周囲の助言により来談する事例も少なくない。この場合、本人の困り感や障害特性の認識が課題となる。スペクトラムとされる ASD 傾向の特徴と環境とのミスマッチにより、問題の顕在化が生じる、生じないといった状況には変動性があり、慎重な評価が欠かせない。このような事例では、自己評定尺度の適用が負担は少なくすむが、その評価は行動認識の程度や記憶に左右される。他者評定を欠く点には、本人の承諾の下、周囲から情報を補うことを心がけたい。さらに、修学支援では、知的能力や認知機能のアンバランスさの評価も必要となることが多い。ウェクスラー式の検査等の実施には、一定の負担があるため、困難さに関連する諸機能をあらかじめ簡易な検査から確認し、事前的配慮の一助とすることも可能であろう。フィードバックでは、弱みに関し自己否定感を強め、抑うつ気分を増強させる場合もあり、強みとしての自助資源の活かし方や、すぐに活用できる環境調整を具体的に提示しつつ、理解を図る必要がある。こうした点で、困り感や幅広く問題を理解するような一次評価をもとに、建設的対話に基づく支援と自助努力を積み上げる姿勢をしっかりと形成しておきたい。修学支援に欠かせない認知的評価や対人関係性の評価と配慮・支援は一体となり、学生に伴走する支援の中、そのタイミングを適宜見計らっての実施となる。進路決定支援においても、この姿勢を前提に、社会参入に関する幅広い情報や、メンターとしての卒業生の状況、インターンシップの情報などを、必要に応じて提供していくことが、個に応じた緩やかな成長支援に欠かせないであろう。時として、立ち止まり、時間をかけて内省するプロセスも必要となり、居場所支援のニーズもそこにある。保護者の意向や理解、家族関係の調整も、課題として持ち込まれることがある。カウンセリングルームやキャリアサポートと連携して対応し、家族との情報共有も深めつつ、本人のインターンシップやアルバイトなどの体験を経て、将来への一歩を踏み出していく姿が期待される。

7．精神障害と発達上の困難さのある学生の多元的アセスメント

　精神障害のアセスメントは、医療の領域を中心に診断と治療に活用され体系化されてきたが、発達障害のアセスメントは教育・心理領域を含み急速な開発が進んできた。そこで、青年期臨床の主な役割を担ってきた学生相談と精神科臨床における臨床心理学的アセスメントの特徴とともに、発達障害の修学支援における心理教育的アセスメントを振り返り、併せて関連の深い神経心理学的アセスメントにも触れたい。

（1）臨床心理的な視点からのアセスメント

　山上・窪田（2016）の論考では、学生相談におけるアセスメントの視点が論じられている。臨床心理学的なアセスメントの視点は、見立てにつながることが意識されるが、医療と異なり、教育の場という環境の中で、修学生活を通した成長支援の観点から、学生相談臨床における在り方が整理されている。学生が抱える問題は主訴、カウンセラーの見立て、チェックリスト等を通して確認されるが、国外ではより医療モデルに近い症状確認がなされているという。環境面のアセスメントでは、修学環境との適応度を見立てる上で、大学生活における違和感が議論されている。また、リスクマネージメントの観点から、個人の病態水準の背景に孤立、自傷他害、さらに周囲への影響が多い事件性のあるトラブルの予防まで、コミュニティレベルの介入の検討を要する議論がみられる。社会参入を目指す青年期の心性と進路決定等、キャリア形成を図る上で、肯定的な自己理解の程度をアセスメントすることも課題とされる。このように、成長支援に向けたリスクアセスメントとして、個人に限らず組織やコミュニティレベルでの介入も視野に、自助資源を含む援助資源のアセスメントへ体系的に取り組む姿勢が重視されている。

　ところで、学生相談では、スクリーニング的なアセスメントはもとより、診療情報として診断にかかわるアセスメント結果に触れる機会も多くあろう。しかし、学生相談学会の機関誌上で、事例研究あるいは原著、資料、調査研究等を確認したところ、アセスメントへの言及、アセスメントに関する質問紙等についての論考は限られていた。一方で、日本心理臨床学会、日本 LD 学会、全国高等教育障害学生支援協議会、あるいは精神医学系の学会機関誌では、アセスメントに関す

る情報が介入の実証的な根拠として多く言及されていた。学生相談の現状としては、発達障害のある学生への対応件数は増大しているが、主に学生相談活動と親和性の高いアセスメントを用いた取り組みが行われてきた状況を反映したものかもしれない。

　次に、深津（2007）を参考に、精神科臨床におけるアセスメントの特徴に触れてみたい。精神科臨床において、アセスメントでは、診断補助（知的能力・人格特性他）、面接方針や精神療法の適用、治療効果の検証等への情報提供が主とされる。また、被検者の動機付けにもかかわる、主治医－患者－検査者間のコミュニケーションが、その情報価値を左右するものとして重視されている。人格特性を評価する検査としては、投映法等が用いられ、力動的な解釈を伴うものも少なくない。知的能力を評価する検査と比べると、構造化の程度をゆるく設定でき、刺激への反応性やその処理の様相から自我機能の特異性を推察することが可能とされる。検査では、目的にかなった主たる検査を中心に、構造化の水準を勘案し、妥当性を多面的に確認できるようバッテリーを組むことが求められている。フィードバックでは、患者の負担や、ニーズにも配慮することが欠かせない。病態水準を見立てるだけでなく、精神療法の適用も想定した精神力動的評価が重視されている。

　なお、精神科臨床では、人格特性に関し、ロールシャッハ・テスト等の投映法をはじめ、質問紙法、文章完成法、描画法、精神作業検査法等の多彩な検査が利用されてきた。しかし、発達障害の支援では、療育上の早期介入につながる評価が求められ、知的能力に関する検査をはじめ可能な限り構造化された検査を主としてバッテリーが組まれることが増えている。

(2)修学支援のための心理教育的アセスメント

　発達障害を中心に心理教育的アセスメントは、臨床心理的アセスメントと、知的能力をはじめとする認知機能において、高次脳機能の評価という点では共通性がある。ただし、その目的の達成には、修学支援として有効な合理的配慮の提供と教育上の効果につながるタイムリー性が重視される。こうした点を勘案すると、一定程度構造化されたアセスメントの組み上げがのぞまれる。以下に留意しておきたい点とその背景を改めて振り返る。

スクリーニングから掘り下げ検査まで—有用性と課題：①スクリーニング検査（自記式質問紙の活用）：AQ 尺度、Achenbach による問題行動尺度（ASEBA）の成人用自記式尺度（ASR）、発達障害関連困り感尺度等、発達障害特性や併存する問題、適応上の困難さを把握する質問紙を利用し、表明される支援ニーズの背景を確認することが可能となってきた。ただし、各質問紙の標準化には、開発に用いられた母集団の特徴が影響していることもあり、複数の検査から、その妥当性を確認することは有用であろう。さらに、回顧的な質問が含まれる場合、その発達経過の把握に精度の問題があること、諸特性に不安などの背景要因が影響を及ぼすこと、また詐病に対する判断なども含めて、回答の際の行動や言動の観察には慎重でありたい。②掘り下げ検査（神経心理学的アセスメントの活用）：掘り下げ検査では、課題遂行に伴う認知機能を評価する各種の神経心理学的検査を活用できる。その際、被検者が一定の覚醒レベルにあることが前提となっており、メンタルヘルスや生活管理に問題のある被検者では、その前提を確保しにくい場合がある。さらに、苦手な課題の遂行には、行動成績にネガティブな感情の生起といった二次的な影響が重畳する可能性があることに注意したい。こうした点は、検査に先立ち、心身の健康度（睡眠習慣を含む）などを確認する、さらに検査前・検査中の行動や言動の観察とともに、検査後の疲労感や課題への対処戦略なども含めて聴取し、その質的評価を慎重に行いたい。

(3)修学支援における神経心理学的検査

　神経心理学的検査では、元来、一定の脳の成熟と機能分化を前提に、成人期の高次な脳機能が、加齢や事故による損傷、病気による影響をいかに受けたかを精査することを目的としている。近年の脳機能イメージングの進展により、特定の認知機能にかかわる解剖学的部位とその機能連関のシステムも知られるようになった。精神・神経学的診断を補助し、高次脳機能障害の把握やそのリハビリテーションの立案のほか、法的な手続きに関連する能力判定など、応用範囲は広いものとなっている。また、認知症の早期診断や介入に欠かせない重症度の把握にも活用されている。一方、小児期の神経発達は可塑性が高く、心理教育・社会的な支援や薬物療法等による成長の促進をはじめ、柔軟に代替的なネットワークを構

築する可能性が示唆されている。その端緒として、米国では、学校神経心理学領域で、発達障害のある子どもの高次脳機能研究が進められてきた。当初の研究には、SLD のある人の脳の機能局在を指摘した Hynd et al.（1995）による形態学的アプローチによる研究などが知られている。その後、脳機能の定型的な成熟過程とその逸脱に関する認知神経科学的知見の集積により、発達障害のある子どもの神経発達の特徴となる、脳の構造的な非定型性に関する知見が蓄積されつつある。薬物療法に比べ、安全性の高い心理教育・社会的介入によって、新たに代替的な機能連関が形成される可能性も示唆され、神経心理学的評価は、介入の有効性を検証する上で、発達支援に欠かせないものとなりつつある。

　なお、実際に青年期・成人期に使用可能な検査は先述した通りであるが、特別支援教育の領域では、日本 LD 学会により LD-SKAIP と称される読み書きを中心とした包括的な検査が学齢期（小学 1～6 年）を対象に開発されており、児童期における教育的評価と支援に有効な検査も増えている。

8．発達障害のある人への神経心理学的検査と適用上の課題

　神経基盤となる脳機能について、安静時のデフォルトモード・ネットワークの活動や、マインドワンダリングと呼ばれる拡散的意識状態の活動をみても、脳が常に動的な活動をしていることは明らかである。神経心理学的アセスメントでは、この脳の動的な機能を、背景にある意識状態に加え、課題を処理し反応する一連の過程にかかわる行動出力や認知神経科学的な指標の変化から評価している。その際、定型的とされる反応や変化と比較し、過少もしくは過剰となる逸脱の程度が確率的に検討され、各人の得手不得手につながる手がかりの情報が抽出される。この過程は一過性で変動性を伴うものでもある。繰り返し課題を行い、平均的な特徴から評価されるが、その変動性にも目を向けたい。特に発達障害のある人では、不得手な処理であっても、補償的に過剰な活動を繰り出しつつ、一定の成果を収めようとする努力が脳活動に反映されることがある。このことは、認知的なストレスとして、疲労感や気分的な飽和感にもつながる。認知的なストレスの評価には、人間工学領域で用いられてきたメンタルワークロード（精神的作業負荷）の計測法等を援用し、評価していくことも考えられる。最近は、ウェアラブルな装置を利用した心拍他の計測も容易になり、そのストレスを把握することで、学

習課題に取り組む時間の調整を検討する際にも、より確かな根拠を得られる可能性がある。ただし、指標の解釈においては、定型的な高次脳機能のモデルや障害にかかわる認知神経科学的なモデルを理解している必要がある。

　以上の検査の実施に際し、被検者となる学生にとっては、一定程度の負担があることには配慮したい。例えば、ウェクスラー式知能検査では、時間的な負担が少なくないと判断される場合は、分割して実施するなどの配慮がなされる。掘り下げ検査の多くは、その下位検査に相当する内容を実施しており、むしろ短時間で必要な特徴を把握でき、負担軽減にも寄与する利点がある。配慮の根拠をより確かなものにするために、ひとつの検査のみで判断することは避け、同様の機能を評価する異なる検査から、妥当性を検証するなどの工夫も欠かせない。ただし、学習上の過去の苦手な体験を惹起させる可能性はあり、情緒面での負担につながることには気をつけたい。配慮が奏功すると、課題処理のスキルが向上し、修学上の成果の獲得につながることもあるが、適切な対処戦略を獲得しても、脳機能には継続して一定の負荷がかかっていることがあり、認知的なストレスのモニタリングに努めたい。

　さらに実際の検査では、来談する学生の意識状態を観察することも重要となる。検査を始めてみたものの、反応が一定しない場合など、改めて事前の状況を詳しく確認せざるを得ない。生活管理の困難さやストレスフルな出来事などがあり、睡眠不足等の健康管理上の問題が生じ、課題への注意集中が難しい場合もある。状況の聞き取りに際し、生活管理や精神的健康度に関するチェックシートを活用し、適切な状態で臨めるか確認して、検査の信頼性を確保したい。その他、特定の環境下での問題を検証するため、修学場面を想定したノイジーな環境下で検査を行うことなども、時には有効である。被検者の普段の修学体験に照らし、困り事が生起しやすい状況場面を検証できるような工夫を心がけたい。修学支援が目的のアセスメントでは、可能な限り本来の力を確認したいものである。診断的なアセスメントよりも、評価の目的を被検者と十分に共有し、動機づけを確保した上で、検査場面で十分な力が発揮できるように事前準備にあたりたい。検査前・中・後の受検にかかわる行動や言動の観察、課題の取り組み方、内省報告等の質的な検討も不可欠である。特に、言語表出の拙さがある学生では、内省から十分な情報を得がたく、入退室時や課題中の行動観察が欠かせない。終了時のねぎら

いとともに、フィードバックでは、自身の得手不得手について、長所活用型の情報を共有し、学習上の成功体験や自己肯定感の改善につながるよう建設的なコメントに努める。関係する教員も、コーディネーターから提供される情報を客観的な支援の手がかりとして活用し、協働して必要な配慮を検討したい。

　以上のように、神経心理学的検査を掘り下げ検査として活用することで、WAIS-IVのような包括的な検査の結果と比較し、その妥当性が確認できる。また、先行して行うことで、予想される個別の能力を短時間で評価し、RTI を意識したタイムリーな修学支援計画の立案・実施につなげることができる。なお、神経心理学的検査の中には、標準化されたものでも、対象や年齢が限定されており、標準化手続きが十分でない場合もあり、参考的な評価となる場合はある。一方で、大学における修学支援では、所属集団と比較して適応という点から逸脱度を評価しうるという利点もある。特に、実験心理学的研究として報告されてきた大学生のデータは多く、当該所属集団のデータが収集できれば、適応に必要な能力や対応戦略を精査でき、修学支援の目的に寄与するところは大きい。検査の限界は吟味しつつも、タイムリーな支援の一助としたいものである。

９．発達・精神障害の交絡する学生のアセスメントの課題

　これまでみてきたように、青年期・成人期における発達障害のアセスメントは、医療の領域では診断・治療に際し、また教育・心理領域を含み、その体系化と開発が進展してきた。精神科臨床では、主治医－患者－検査者間のコミュニケーションを重視するとともに、人格特性を精査する上で投映法等が活用されており、そこには構造化の程度がゆるく設定されている利点もみてとることができた。一方、発達障害の支援では、知的能力に関する検査他、可能な限り構造化された検査を主にしたバッテリーが組まれてきた。修学支援のための心理教育的アセスメントでは、有効な合理的配慮の提供と教育上の効果につながるタイムリーな支援が重視され、その目的達成には一定程度構造化されたアセスメントの組み上げがのぞまれた。まず、スクリーニング検査では自記式質問紙が活用されるものの、複数検査からの機能障害の妥当性確認に加え、行動や言動の観察等による質的側面からの確認が求められる。さらに、知的検査をはじめとする神経心理学的な掘り下げ検査では、受検に際してメンタルヘルスや生活管理状況の確認、課題遂行に伴

う負担等のネガティブな影響にも留意が求められた。仮に一定の課題成績が得られたとしても、疲労感や飽和感が強くみられる時は、認知的なストレスも考慮したい。

ところで、対面での相談が難しいコロナ禍での対応を通して、行動観察と環境要因の聞き取りの重要性は改めて認識された。電話相談、メール相談、さらに同時双方向型の Zoom 等を用いた相談が主となった際には、情報の確認が主となり、感情の把握が難しい状況下では、意図しない反応がかえってくることもあり注意を要した。オンライン相談では特有の緊張感を伴うこともあり、映像を控えて音声を主とするなど心理的な負担が少ないコミュニケーションモードを選択する必要はあるが、行動や状況の一部を推測できる利点もあった。修学にかかわる環境要因の聞き取りは、修学支援を検討する上で不可欠な事項であるが、修学の場が大学から自宅に変化し、家族との関係や経済状況が自立を難しくしている状況下にあると、聞き取りそのものに制約が生じることもあった。障害受容の程度、支援ニーズの有無を左右しかねない場合もあり、学生のおかれた状況の把握には注意を要した。建設的対話の姿勢が基本にあるとしても、変化する修学環境に応じ、修学生活全般にかかわる状況を立体的に把握するために、環境要因の聞き取り・確認に相応の工夫が必要となる。なお、背景にトラウマ体験などのある事例では、学生相談と協働した介入の必要性も想定した、より慎重な情報の聞き取りがのぞまれた。個の状況と環境の変化に応じた柔軟な配慮は常に欠かせない。

第2章　持続的な理解・支援の展開と諸課題

1. 当事者の視点から

今日、当事者の視点からは、脳多様性論（ニューロダイバーシティ）という考え方も登場し、困難さはむしろ周囲がそれを受けとめていく難しさにあるのではないかという指摘もある（広野・関根・樋端・本田,2017）。当事者にとっては、アセスメントを通し自身の特徴をより確実に理解する必要性とともに、専門的な支援のおしつけでなく身近な伴走者たる支援者の存在を求めていることが理解される。なお、ADHD においては、近年、軽症例であったものの、青年期以降の社会適応上の負担から顕在化する例があることも理解され、薬物療法でも、多動・

衝動性に加え、いらつき等の交感神経の興奮を鎮静化するグアンファシンの処方が可能となり、その選択肢は増えている。ただし、適応上の効果は当事者とともに丁寧に見定めていく必要があろう。

2．障害特性の理解と障害受容について

　発達障害のある人や家族においては、その障害受容の過程は、肢体不自由など他の障害のある人と比較しても、あるいは発達障害の中でも ADHD、SLD、ASD とその併存、知的障害の有無等で異なることが指摘されている。いずれの障害においても固有の過程が存在する可能性はあるが、障害という用語そのものが多義的で、今日の社会的障壁とする考えに到る過程には、様々な変遷があったこと（中田,2018）への理解も深めたい。発達障害における障害特性と発達特性は視点を変えると表裏一体ともいえ、特に ADHD や ADHD を併存する ASD においては養育上の困難さは大きく、虐待のリスクをはらむこともある。青年期にある学生の障害特性への自己理解と障害受容、そして家族の障害理解について、事例性を丹念に読み解き、体験的に検証をしていく作業が欠かせない。

3．自己成長を支える

　学生生活では、クラスやゼミ、サークルにおける先輩・後輩、同級生もピア・サポーターの資源となる。このような仲間と教職員の理解、障害学生支援室のコーディネーターや学生相談室のカウンセラーといった支援の専門家、主治医、家族のサポートがつながることで、目の前の課題を乗り越え、次の段階へと着地する学生の姿をみることができる。社会参入を目指し社会的自己像の獲得へと悪戦苦闘をいとわない道のりには、価値ある失敗経験と多くの時間、周囲の理解と合理的配慮が提供される必要がある。様々な葛藤と向き合いながらも、小さな成功体験を得ていくと、この成功体験は将来に向けたかけがえのない財産となり、成長を支えてくれるものとなろう。

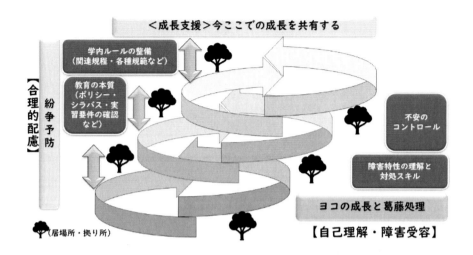

図8　成長支援における自己理解・障害受容と合理的配慮の展開　(篠田・篠田, 2018)

　障害を含めた自己理解の険しい道のりに思いを馳せる時、田中 (2015) は、同時に進展する親の養育からの退却に伴う移行期の模索に、悲哀という影もさすことを示唆している。一方で、田中 (2001) は、ADHD のある人は語りながら埋め合わせを行うことで、健康な未来志向性を発揮していけるとしたが、これらの体験を受けとめ、見守る仲間が存在し続けることが伴走型の支援には欠かせないであろう。ささいなことでも人とトラブルになりやすい学生も、その背景を理解し、行動修正の手がかりを得るだけでなく、励ましてくれる仲間がいるような"場"の存在があることが、本人にはかけがえのないものである。この点で、卒業までの緩やかな成長の過程において、時に葛藤し停滞することは意味ある時間として守られる必要があり、居場所 (図8に木のマークで示した) としての支援を提供することも発達障害のある学生の援助資源として欠かせないものである。

４．当事者の語りと当事者研究における障害特性の理解とその受容

　ASD 当事者の語りの源流は、1900 年代にドナ・ウィリアムズの自伝が出版され、メディアを通じて広く知られるようになった頃にさかのぼる。このこと自体、沈黙の世界と思われていた ASD 当事者の豊かな世界と特異な困難さが知られる

ようになる契機として、世界的にインパクトを与えた出来事であった。その後、多くの自伝が国内外で出版されたほか、養育者やパートナーの体験が広く出版されている。近年は、当事者が自らの体験世界を研究対象として、体系的に検証していく試みもなされ、ASDを支援する医療・教育・福祉の現場では、当事者の視点が欠かせないものとなっている。一方で、共通性以上に個別性は大きく、合理的配慮の提供においては、従前の育ちと現在の環境が異なると、その支援ニーズも大きく多様なものとなる。

　そこで、最近の当事者研究および当事者に視点をあてた資料や移行支援の資料の中から体系的かつ多面的な指摘を紹介しておきたい。まず、綾屋・熊谷（2008）では、対人関係の困難さ以前に、自身の身体感覚を含む体験過程が探求されており、熊谷（2016）では、認知神経科学的な先行知見と照らし合わせ、その体験過程が検証されている。長期的な目的の達成にかかわる自己制御の難しさ、感覚過敏に加え予測にかかわる難しさ、内臓感覚や環境情報との結び付け、エピソード記憶の処理に非典型的とされる難しさがあること等が議論されている。同時に、このような内省の体系化という作業は、自他の距離を安定させ、過度な自責からの解放と支援ニーズの明確化をもたらすことも示唆されている。本田（2017）では、ASD特性、二次性とされる症状、さらに育ち方が織り成す階層性にも注目しつつ、当事者の理解に努めている。適応・移行支援が進展している現在、ニューロダイバーシティや自閉症文化というとらえ方も広がり（例えば、美馬,2017）、マジョリティーの文化が優先されがちな点こそが課題と指摘する意見もある（片岡, 2017）。社会福祉制度の利用を視野に、障害理解と向き合う際には、当事者の意思確認がより重要となり（高橋,2018）、その過程では多様な葛藤に伴走する作業も必要となる。成長支援モデルにおける、各段階の居場所の提供と、一定の時間をかけ、緩やかにかつ一時的な退行も見守る姿勢とも重なる指摘として受けとめたい。

　なお、本田（2019）の提起する自律スキル（自分にできることは意欲的に行い、できないことは「できない」と判断できるスキル）・ソーシャルスキル（できないことを他の人に相談するスキル、自分に理解のできる範囲でルールを守るスキル）の２軸モデルも意識しておくと、より適確な支援を提供できるものと考える。

５．限られた援助資源でも欠かせないこと

(1)入口から出口まで

　入学前相談から、入学手続き後の初年次事前相談の支援ニーズは少なくない。保護者同伴、あるいは特別支援学校教員等の同伴といった相談対応の機会も増えている。一方で、精神・発達障害のある学生をはじめ、弱視や難聴のある学生でも、大学入学を自立の機会ととらえ、配慮を求めずに、自助努力で挑戦したいと考える学生が一定程度存在するのも事実である。障害学生支援にかかわるアクセスは障害学生支援室の一択ではなく、複数のルートからつながれるよう、敷居の低いものでありたい。その際、教職員は情報共有の範疇を、学生との間にしっかり確認しておくようにしたい。障害学生支援室との連携でも、この点を踏まえつつ、タイムリーに協働できるよう経験値をあげていく必要がある。

(2)関連機関との情報共有

　教育機関、医療機関、就労移行支援機関との連携の機会は、入学前相談から進路相談、さらにキャリア開発支援にわたり、各段階で必要となる。教育機関との間では、体験入学機会の提供、医療機関との間では、診療情報に加え、適応支援の心理教育・社会的プログラムの提供、就労移行支援機関との間では、障害特性に配慮したインターンシッププログラムの提供、卒後の定着支援等、アウトリーチ・アウトソーシングとして利用可能なものを紹介することが可能となりつつある。一方、学内で提供可能なショートプログラムの開発により、学生同士の体験を基に様々な適応の工夫が共有されると、安心できる居場所のような心の拠り所が得られ、進路決定支援にもつながる（刈田・篠田・篠田,2021）。大学という学びの環境の中で、肯定的な体験や卒業という成功体験を獲得することは、その後の人生の支えともなる。

(3)フォーマルの先にあるインフォーマルな世界

　事前的改善措置に相当する UDL と称されるユニバーサルな学びの配慮は、いずれの学生にも有益なものである。ナチュラル・サポートがあたりまえのように感じられる学びの体験を得ることで、合理的配慮はひとつの契機となり、自助努力の可能性がさらに広がるような学びの環境こそが重要となろう。テクニカルエ

イドの発展も加速し、人体拡張と呼ばれる状況も生じている。特定の誰かが支援を得て成功することは大切であるが、支援は互恵的なものであってはじめて健全な支え合いの体験となり、心のバリアといえる差別から解放されて、自他に優しくなれるのかもしれない。そこに、笑顔のあるインフォーマルな学びあいが続く日常世界を願う。

＊神経生理用語補足（日本臨床神経生理学会用語集 2015 他参照）

脳波・事象関連電位（意識水準・処理過程）

EEG (electric encephalography) →脳波

ERP (event related potential) →事象関連電位

MMN (mismatch negativity) →ミスマッチ陰性電位

Nd（negative difference wave, processing negativity）→処理陰性電位

N170（N2）→刺激提示後潜時約 170ms 付近に生じる陰性波

N200（N2）→刺激提示後潜時約 200ms 付近に生じる陰性波

P300（P3）→刺激提示後潜時約 300ms 付近に生じる陽性波

Topography →トポグラフィ（電位分布図）

脳画像（形態・構造）

CT（computed tomography）→コンピュータ断層撮影画像

MRI（magnetic resonance imaging）→磁気共鳴画像

DTI（diffusion tensor imaging）→拡散テンソル画像

脳画像（機能）

fMRI（functional magnetic resonance imaging）→機能的磁気共鳴画像

NIRS（near-infrared spectroscopy）→近赤外線分光法

fNIRS（functional near-infrared spectroscopy）→機能的近赤外線分光法

PET（positron emission tomography）→陽電子放射断層画像

SPECT（single photon emission computed tomography）→単一光子放射型コンピュータ断層撮影画像

おわりに―自戒をこめて：失敗だらけの実践から学び続ける

　高校野球では、9回裏の2死から、起死回生の展開がみられることがある。"逆境ナイン"という島本和彦による作品には、さらに現実離れした絶体絶命のピンチに立ち向かう高校球児の姿が描かれている。発達上の困難さを有し、卒論提出という最後の課題に足踏みする学生と、1％の可能性を信じてかかわった締め切りの緊迫感は、それに通じるものがあった。互いの失敗が重なれば、たやすく逆境が訪れる。わずかな可能性に立ち向かうには、積み重ねた失敗の意味を見出せるか否かにかかっている。前を向くその一歩に苦戦する学生の緊張は、それを見守る側にも伝わるものである。先達から教わった、「学びとは、"つら楽しい"ものである」という言葉を互いの励みとしつつ、向き合う豊かな時間がそこにはあった。

　2016年の障害者差別解消法施行を契機として、立正大学と信州大学では障害学生支援室が開設された。本書は、立ち上げとその後の活動をはじめ、支援ニーズの大きな発達障害を中心に、二次障害ともなる精神障害を含む理解と支援について、その軌跡と関連資料をアーカイブし、活動の原点とすることを意図したものである。持続的な発展が欠かせない活動ではあるが、時に原点に立ち返ることで、支援にのぞむ姿勢はそのベクトルを正しい方向へと定位しうる。また、臨床活動と併せ、科学研究費補助金の助成を得て実践研究も進めてきた。本書では、立正大学障害学生支援室年報に寄稿した内容を中心に、普段の臨床実践としてのインフォーマルな取り組みを紹介しつつ、独自の研究成果にも言及したが、新たに障害学生支援室のコーディネーターとして活動をされる後進の方々へのリソースとして、既存の標準的な資料の紹介を多く取りあげてもいる。

　なお、助成を受けた科研費20K03437をはじめ、16K04351、17H02642など、加えて立正大学心理学研究所共同研究・個人研究他、多くの関連する助成を受けられたことが、支援の展開という形で社会実装につながっている。

　ところで、大人の発達障害に関する情報も過多となるほど目にする昨今、個に応じた支援に結びつけるには、普遍的なものと更新されるものを吟味する必要がある。加えて、障害学生支援には、就活でも学歴や学力というフィルターが話題になるほど、学生の帰属集団となる各大学の風土の違いは大きく影響してくる。発達上の困難さは、環境とのマッチングで障害ともなり、適応に必要なスキルも

一様ではない。学生とともに、その余白ともいえる未開拓の可能性を探索し、自己否定にひるむことなく可能性にかけて、開発的な取り組みを目指したい。これからの支援者となる皆さんも、励みともなる人材養成の楽しみに出会えるはずである。

　最後に、立正大学ならびに信州大学の障害学生支援にご協力頂いた関係者に謝意を表するとともに、これまでの臨床実践の学びの機会を頂いた諸機関の先生方に感謝する次第です。特に、筑波大学、茨城大学、信州大学、立正大学、目白大学等の関係者、また現・国立特別支援教育総合研究所（寺山千代子先生他）、現・国立精神・神経医療センター精神保健研究所（上林靖子先生、田中康雄先生他）、国立生育医療研究センター（宮尾益知先生他）、株式会社東京地下鉄（緒方一子氏他）等の各機関でお世話頂いた皆さま、国外の大学等の関係者にも支えられてきました。臨床実践の師でもあった、台利夫、佐々木雄二、木村周、国分康孝、松原達哉の各先生方には、生前に御恩に報いることがかないませんでした。心理学の先達としては、鬼籍に入られた金子隆芳先生、岩崎庸男先生、吉田倫幸先生、また、加藤隆勝先生、沢崎達夫先生、吉田富二雄先生、石隈利紀先生、吉田茂先生、尾崎久記先生、谷口清先生、東條吉邦先生他、多くの先生方から豊かな学びの機会を頂きました。さらに、当事者として、支援者として、青年期の悪戦苦闘をともにした学生諸氏との学びあいがあってのことです。

　本書では、篠田晴男が立正大学で実践してきたインフォーマルな包括的支援、そして障害者差別解消法施行に伴い、信州大学・立正大学に開設された障害学生支援室における篠田直子とのフォーマルな包括的支援の実践に基づき、必要な多元的評価を含めて記載しました。トピックスには、発達支援の第一線で活躍する立正大学のゼミ卒業生各氏、そして家族の一員である篠田菜々氏にも医療分野の協力者として寄稿頂きました。本書の作成に際し、高橋知音氏には、様々な相談にのって頂き、ご紹介頂いた三恵社の井澤将隆氏にも、書籍化に多くの助言を頂きました。挿絵をご提供頂いた服部園子様も含め、ここに、ご協力頂いたすべての方々に、心から感謝致す次第です。

2024 年 3 月

篠田晴男・篠田直子

引用・参考文献

第Ⅰ部（支援関連）

American Psychiatric Association（2013）. *Diagnostic and Statistical Manual of Mental Disorders 5th Edition, Text Revision: DSM-5*. American Psychiatric Association.（高橋 三郎・大野 裕 監訳（2014）. DSM-5 精神疾患の診断・統計マニュアル 医学書院）

安藤 瑞穂・熊谷 恵子（2015）. 成人期の発達障害とコーチング LD 研究, *24*, 388-399.

青木 真純・岡崎 慎治（2018）. 注意欠如多動症（Attention-Deficit/Hyperactivity Disorder：ADHD）合理的配慮ハンドブック～障害のある学生を支援する教職員のために～（pp.45-50） 日本学生支援機構

Field, S. & Hoffman, A.（1994）. Development of a model of self-determination. *Carrier Development for Exceptional Individuals*, *17*, 159-169.

福田 真也（1996）. 大学生の広汎性発達障害の疑いのある 2 症例 精神科治療学, *11*, 1301-1309.

福島 実子・篠田 晴男（2007）. HFPDD のある学生への心理教育的支援 日本自閉症スペクトラム学会第 6 回研究大会発表論文集, 62.

平林 ルミ・飯野 由里（2021）. 合理的配慮における子どもと学校の対話プロセスの分析－読み書き障害のある子の ICT 活用に焦点をあてて－ 日本教育心理学会第 63 回総会発表論文集, 401.

今村 明・山本 直毅・森本 芳郎・金替 伸治・三宅 通・松阪 雄亮・田山 達之・小澤 寛樹（2021）. 発達障害（発達症）のある子どもの「困難さ」を理解し「強み」を活かす 特集／子どもと家族の「強み」を活かす発達支援 教育と医学, *69*, 188-196.

石井 正博・篠田 晴男・篠田 直子（2015）. 大学生における自閉性スペクトラム障害傾向と職業決定との関連——情動知能を介した支援手がかりの探索—— 自閉症スペクトラム研究, *13*, 5-12.

岩渕 未紗・高橋 知音（2013）. ADHD のある大学生の学生生活支援 精神科治療学, *28*, 325-330.

岩波 明・谷 将之（2017）. 小児期の ADHD と成人期の ADHD の連続・不連続：成人精神科医から 精神医学, *59*, 203-208.

河田 将一・一門 惠子（2000）. LD 青年の学生生活支援の一試み 福岡教育大学障害児治

療教育センター年報, *13*, 35-42.

松橋 静香・David Parker・上野 一彦・高橋 知音 (2006). 米国におけるディスレクシア・ADHD・アスペルガー症候群のある大学生への支援——それぞれのニーズにあわせて支援展開が行われた 3 事例について—— LD 研究, *15*, 281-288.

松浦 隆信 (2012). 学習障害を抱える成人の障害受容および就労支援に対する森田療法の活用：理想と現実の葛藤への対応をめぐって 心理臨床学研究, *30*, 83-93.

丸田 伯子 (2018). 精神障害 合理的配慮ハンドブック——障害のある学生を支援する教職員のために—— 59-64.

桝屋 二郎 (2020). 発達障害の二次的・三次的障害としての非行・犯罪：特集／発達障害と二次障害 発達障害と二次障害（総論） そだちの科学, 35, 26-31.

三谷 絵音・高橋 知音 (2016). 大学生の読字・書字困難評定尺度の作成 信州心理臨床紀要, *15*, 71-82.

水谷 勉・尾崎 久記・篠田 晴男・軍司 敦子 (2007). 脳血流からみた連続遂行課題時の運動制御過程—異なる呈示確率での標的刺激による検討— 臨床神経生理学, *35*, 137-144.

水谷 勉・篠田 晴男・尾崎 久記 (2011). 自閉症スペクトラム障害における実行機能と運動制御に関する研究展望と事例的研究 立正大学心理学研究年報, *2*, 23-32.

三好 智子・後藤 伸彦・藤川 洋子 (2021). 大学生における発達特性に対応した学びのデザインの探索的検討——発達特性と関連した困り感とオンライン授業のメリット・デメリット認知の関連から—— 日本 LD 学会第 4 回研究集会抄録集, 37-38.

村上 伸治 (2019). 発達障害と精神療法 そだちの科学, *32*, 26-31.

成田 ひろ子 (2009). 注意欠陥症状を抱える女子学生との面接過程 心理臨床学研究, *27*, 323-332.

西村 優紀美 (2015). 大学における発達障害の学生に対するキャリア教育とキャリア支援 障害者問題研究, *43*, 11-18.

Norwalk, K., Norvilitis, J. M., & MacLean, M.G. (2009). ADHD Symptomatology and Its Relationship to Factors Associated With College Adjustment. *Journal of Attention Disorders*, *13*, 251-258.

Price, L. (2002). The connections among psychosocial issues, adult development, and self-determination. In L.C. Brinckerhoff, J.M. McGuire, & S. F. Shaw (Eds.), *Postsecondary education and transition for students with learning disabilities (2nd ed.*）(pp.131-156)．PRO-ED,

坂本　憲治（2014）．学生相談における発達障害者支援の研究動向と課題　学生相談研究，
35，154-165．

佐々木　銀河・野呂　文行(2018)．自閉スペクトラム症（Autism Spectrum Disorder：ASD）
合理的配慮ハンドブック——障害のある学生を支援する教職員のために——(pp.41-44)日
本学生支援機構

篠田　晴男（2003）．視聴覚統合型 CPT 指標に基づく注意・社会性障害の併存性に関する評
価——注意機能の標準的発達経過と ADHD/HFPDD 事例への適用から——　立正大学臨床
心理学研究，*2*，15-22．

篠田　晴男（2007）．発達障害のある学生への自己理解・自己決定への援助——心理教育的援
助サービスの可能性——　日本心理臨床学会第 26 回大会発表論文集，188．

篠田　晴男（2012）．発達障害のある若者の自立と職場適応：第 34 回学生相談セミナー　学
生相談ニュース，*100*，9．

篠田　晴男・石井　正博・鈴木　浩太・丸田　留美・田村　英恵（2013）．ニューロフィードバッ
ク法の適用に関する基礎的検討——言語報告における自己制御感の変容を中心に——　立
正大学心理学研究年報，*4*，13-20．

篠田　晴男・島田　直子・篠田　直子・高橋　知音(2019)．大学生の発達障害関連支援ニーズを
踏まえた障害学生支援体制構築の課題　高等教育と障害，*1*，61-73．

Shinoda, H. & Skrandies, W.（2013）．　Topographic changes in event-related potentials
because of learning of meaningful Kanji characters. *NeuroReport*，*24*，555-559．

篠田　晴男・篠田　直子（2017）．インフォーマルとフォーマルをつなぐ成長支援——発達障害
のある学生たちへのインフォーマル支援を基礎として——　立正大学障害学生支援室年報，
1，21-25．

篠田　晴男・篠田　直子(2018)．発達障害のある学生のインフォーマルな成長支援——ADHD・
SLD のある・疑われる学生の支援を中心に——　立正大学障害学生支援室年報，*2*,89-97．

篠田　晴男・篠田　直子（2020）．精神・発達障害のある学生のインフォーマルな成長支援と
アセスメント——発達障害の併存がある・疑われる学生の支援を中心に——　立正大学障害
学生支援室年報，*4*，57-66．

篠田　晴男・篠田　直子・雨貝　瑞樹（2019）．発達障害のある学生のインフォーマルな成長支
援——ASD のある・疑われる学生の支援を中心に——　立正大学障害学生支援室年報，*3*，

36-42.

篠田 晴男・田中 康雄（2004）．ADHD を有する学生への医療と連携した心理教育的特別支援　精神科治療学, *19*, 585-590.

篠田 直子（2017）．ADHD 特性のある大学生の特徴と支援　教育と医学, *65*, 53-61.

篠田 直子・沢崎 達夫（2013）．注意に困難さのある大学生への支援プログラム開発の試み　目白大学心理学研究, *9*, 91-105.

篠田 直子・沢崎 達夫（2015）．ADHD 特性が大学生の進路決定におよぼす影響——大学生活上の困難を媒介として——　目白大学心理学研究, *11*, 41-54.

篠田 直子・沢崎 達夫・篠田 晴男（2015）．不注意と多動性・衝動性の自覚の強さが大学生活における心的不適応感に与える影響　カウンセリング研究, *48*, 20-31.

篠田 直子・篠田 晴男・橋本 志保・高橋 知音（2001）．大学生における AD（H）D 特性に関する基礎的検討　茨城大学教育実践研究, *20*, 213-226.

篠田 直子・田口 多恵（2018）．信州大学における障害学生支援体制の特長と課題　信州大学総合人間科学研究, *12*, 119-133.

末吉 彩香・佐々木 銀河・竹田 一則（2020）．発達障害における小集団エンパワメントグループによる修学上の困り感への支援——発達障害のある学生と障害のない学生によるグループ活動の試行的取り組み——　高等教育と障害, *2*, 34-46.

杉山 登志郎（2020）．発達障害の「併存症」：特集／発達障害と二次障害　発達障害と二次障害（総論）　そだちの科学, *35*, 13-20.

杉山 登志郎（2021）．統合失調症と発達障害と複雑性 PTSD：発達障害と統合失調症-—その関係と異同——　そだちの科学　特集／発達障害と二次障害： 統合失調症とは（総論）　そだちの科学, *36*, 2-10.

鈴木 浩太・小林 朋佳・稲垣 真澄（2015）．発達障害児・者を持つ保護者への支援とレジリエンス　精神保健研究, *61*, 57-60.

Suzuki, K., Oi, Y., & Inagaki, M. (2021). The Relationships Among Autism Spectrum Disorder Traits, Loneliness, and Social Networking Service Use in College Students. *Journal of Autism and Developmental Disorders*, *51*, 2047-2056.

Suzuki, K. & Shinoda, H.（2010）. Error-related Components and Impulsivity related to Speed and to Accuracy Trade-off. *HUMAN COGNITIVE NEUROPHYSIOLOGY*, *3*, 26-36.

鈴木 浩太・篠田 晴男（2011）．熟慮性—衝動性とエラー関連陰性電位 立正大学心理学年報, *2*, 107-114.

田島 晶子・岸川 加奈子・中野 光里・横田 晋務・田中 真理 （2022）．合理的配慮実施過程における書面による建設的対話の現状と課題〜配慮依頼文書への回答から〜 基幹教育紀要,*8*, 155-166.

高橋 知音（2018）．限局性学習症（Specific Learning Disorder：SLD） 合理的配慮ハンドブック〜障害のある学生を支援する教職員のために〜（pp.51-58） 日本学生支援機構

Takahashi, T. & Davis, M.（2016）. Cultural impact on the assessment of individuals with ADHD, LD, and ASD. *International Journal of Psychology*, *51*, supplement S1, 407.

高橋 知音・三谷 絵音(2022)． 読み書き困難の支援につなげる 大学生の読字・書字アセスメント―― 読字・書字課題 RaWF と読み書き支援ニーズ尺度 RaWSN―― 金子書房

高橋 知音・篠田 晴男（2008）．米国の大学における発達障害のある学生への支援組織のあり方 LD 研究, *17*, 384-390.

高橋 知音・篠田 晴男（2016）．米国の大学における発達障害のある学生への支援 LD 研究, *25*, 293-297.

滝川 一廣（2020）．一次障害と二次障害をどう考えるか：特集／発達障害と二次障害 発達障害と二次障害（総論） そだちの科学, *35*, 2-6.

田中 真理（2015）．発達障害者の青年期支援をめぐる「移行期」支援 教育と医学, *749*, 20-28.

田中 康雄（2020）．発達障害と二次障害：特集／発達障害と二次障害 発達障害と二次障害（総論） そだちの科学, *35*, 7-12.

鶴田 一郎（2007）．LD（学習障害）における「二次性障害」への支援の方法について――非言語性 LD をもつ男子学生とのかかわりを通じて―― 学生相談研究, *28*, 14-26.

上田 紀行（2005）．生きる意味 岩波書店

（参考資料） Retrieved March 13, 2024

東京大学相談支援機構開発センター ピアサポートルーム （https://dcs.adm.u-tokyo.ac.jp/psr/）

早稲田大学 オンライン授業に関する調査結果(https://www.waseda.jp/top/news/70555)

九州大学　九州大学の学生生活に関する学生アンケート（春学期）結果について
　　（https://www.kyushu-u.ac.jp/f/40310/20_08_11_02.pdf）
宮城教育大学　令和２年度障害学生支援専門別テーマ別セミナー【コロナ禍における障害学
　　生支援】
　　（https://www.jasso.go.jp/gakusei/tokubetsu_shien/event/theme/2020/index.html）
日本学生支援機構　大学、短期大学及び高等専門学校における障害のある学生の修学支援
　　に関する実態調査結果報告書および調査分析報告
　　（https://www.jasso.go.jp/statistics/gakusei_shogai_syugaku/index.html）
　平成 17 年度（2005 年度）以降の調査結果が毎年度掲載されており、17 年度から 25 年
度、26 年度、28 年度の期間の推移の特徴は調査分析報告として掲載されている。令和２年
度にはコロナ禍における障害学生支援の取り組みに関する調査も実施され、取り組み事例と
してまとめられているほか、平成 30 年度（2018 年度）から英文による報告も掲載されるよ
うになった。
　日本学生支援機構　障害のある学生への支援・配慮事例
（https://www.jasso.go.jp/statistics/gakusei_shogai_hairyo_jirei/index.html）
　障害種別ごとに、支援・事例がまとめられており、平成 27 年(2015 年)に障害種別およ
び統括版の資料が作成されている。
　日本学生支援機構　「障害者差別解消法施行」に伴う障害学生に関する紛争の防止 ・
解決等事例集（https://www.jasso.go.jp/statistics/gakusei_shogai_kaiketsu/index.html）
　平成 28 年度（2016 年度）以降の収集事例報告が掲載されているほか、平成 29 年度収集
事例に基づく紛争の防止・解決等につながる対応や取り組みも解説されている。支援場面
や障害種別ごとに整理された情報も掲載されている。
　日本学生支援機構　合理的配慮ハンドブック～障害のある学生を支援する教職員のため
に～（https://www.jasso.go.jp/gakusei/tokubetsu_shien/shogai_infomation/handbook/
　index.html）
　教職員のための障害学生修学支援ガイドをはじめ、関連する情報も障害学生支援に関す
る情報提供に一括してまとめられている
（https://www.jasso.go.jp/gakusei/tokubetsu_shien/shogai_infomation/index.html）。

第Ⅱ部（アセスメント関連）　＊第Ⅰ部（支援関連）で既出のものは、割愛した。

青木 真純・佐々木 銀河・岡崎 慎治（2016）．ADD、ADHD のある大学生への修学支援に向けた認知特性の評価〜 DN-CAS 認知評価システム年齢外適用の試み〜　日本 ADHD 学会第 7 回総会プログラム・抄録集，41.

綾屋 紗月・熊谷 晋一郎（2008）．発達障害当事者研究　医学書院

Bracken, B. A. & McCallum, R. S.（1998）．*Universal Nonverbal Intelligence Test.* PRO-ED, Inc.

Bracken, B. A. & McCallum, R. S.（2016）．*Universal Nonverbal Intelligence Test-Second Edition.* PRO-ED, Inc.

Constantino, J. N. & Gruber, C. P.（2013）．*Social Responsiveness Scale, Second Edition: SRS-2.* Western Psychological Services. ［神尾 陽子（2017）『SRS- 2 対人応答性尺度』日本文化科学社］

大六 一志（2011）．発達障害　日本版 WAIS-Ⅲ の解釈事例と臨床研究　藤田 和弘・前川 久男・大六 一志・山中 克夫（編）（pp.196-208）　日本文化科学社

Dunn, W.（1997）．The Impact of Sensory Processing Abilities on the Daily Lives of Young Children and Their Families: A Conceptual Model. *Infants Young Children*, *9*, 23-35.

藤林 眞理子・長塚 紀子・吉田 敬・Howard, D.・Franklin, S.・Whitworth, A.（2004）SALA 失語症検査　エスコアール

藤岡 徹・森光 晃子・高橋 知音（2011）．社会的行動の評価課題の作成——暗黙のルールの理解を測定する試み　LD 研究，*20*，304-316.

Fujioka,T.,Takiguchi, S.,Yatsuga, C., Hiratani,M., Hong,Kang-E M.,Kang-E,Shin, Min-Sup.,Cho, Sungzoon., Kosaka,H., & Tomoda, A.（2016）. Advanced Test of Attention in Children with Attention-Deficit/Hyperactivity Disorder in Japan for Evaluation of Methylphenidate and Atomoxetine Effects. *Clinical Psychopharmacology and Neuroscience*, *14*, 79-87.

藤田 郁代・物井 寿子・奥平 奈保子・植田 恵・小野 久里子・古谷 二三代・笹沼 澄子（2000）．失語症語彙検査　エスコアール

藤田 和弘・前川 久男・大六 一志・山中 克夫（2006）．WAIS-Ⅲ 成人知能検査　日本文化科学社

藤田 和弘・石隈 利紀・青山 真二・服部 環・熊谷 恵子・小野 純平（2013）．日本版 K-

ABC Ⅱ　丸善出版株式会社

深津 千賀子（2007）．精神科診療のための心理検査　精神神経学雑誌, *109*, 282-287.

船曳 康子・村井 俊哉（2015）．ASEBA 行動チェックリスト（18〜59 歳成人用）の標準値作成の試み　臨床精神医学, *44*, 1135-1141.

Frith, U.（2003）．*Autism: Explaining the Enigma*. Second Ed. New Jersey: Blackwell Publishing.（フリス, U. 富田 真紀・清水 康夫・鈴木 玲子訳（2009）新訂 自閉症の謎を解き明かす　東京書籍）

Garzia, R. P., Richman, J. E., Nicholson, S. B., & Gaines, C. S.（1990）. A new visual-verbal saccade test: The Develop- mental Eye Movement test（DEM）. *Journal of the American Optometric Association*, *61*, 124-135.

萩原 拓（2018）．自閉スペクトラム症の支援につなげるアセスメント　日本発達心理学会（編）　自閉症スペクトラムの発達科学（pp.189-199）　新曜社

春原 則子・金子 真人（2002）．標準抽象語理解力検査　インテルナ出版

秦 一士・安井 知己・青木 佐奈枝・木村 一朗・笹川 宏樹・鈴木 常元・西尾 博・沼 初枝・藤田 主一（2020）．　P-F スタディ日本語版（成人用第Ⅲ版）三京房

発達障害支援のための評価研究会（2008）．PARS（広汎性発達障害日本自閉症協会評定尺度）　スペクトラム出版社

発達障害支援のための評価研究会（2018）．PARS-TR（親面接式自閉スペクトラム症評定尺度テキスト改訂版）　金子書房

広野 ゆい・関根 礼子・樋端 佑樹・本田 秀夫 （2017）．大人の発達障害について考える　精神科治療学, *32*, 1549-1559.

本田 秀夫（2017）．大人の発達障害を診断することの意義と問題点　精神科治療学, *32*, 1561-1565.

本田 秀夫（2019）．はじめて学ぶ自閉スペクトラム症：第 4 回支援の考え方　臨床心理学, *19*, 363-368.

Hynd, G. W., Hall, J., Novey, E.S., Eliopulos, D., Black, K., Gonzalez, J.J., Edmonds, J.E., Riccio, C., & Cohen, M.（1995）Dyslexia and corpus callosum morphology. *Archives of neurology*, *52*, 32-38.

井伊 智子・林 恵津子・廣瀬 由美子・東條 吉邦（2003）．高機能自閉症スペクトラム・スクリーニング質問紙（ASSQ）について　東條 吉邦（編）平成 14 年度科学研究費補助金

"自閉症児・ADHD 児における社会的障害の特徴と教育的支援に関する研究"報告書（pp.39-45）

飯鉢 和子・鈴木 陽子・茂木 茂八（1977）．日本版フロスティッグ視知覚発達検査　日本文化科学社

稲田 尚子・神尾 陽子（2008）．自閉症スペクトラム障害の早期診断への M-CHAT の活用　小児科臨床, *61*, 2435-2439.

稲垣 真澄（2010）．特異的発達障害診断・治療のための実践ガイドライン　診断と治療社

稲垣 真澄（2019）．吃音, チック症, 読み書き障害, 不器用の特性に気づく「チェックリスト」活用マニュアル　厚生労働省　平成 30 年度障害者総合福祉推進事業（https://www.mhlw.go.jp/content/12200000/000521776.pdf）

石隈 利紀（1999）．学校心理学：教師・スクールカウンセラー・保護者のチームによる心理教育的援助サービス　誠信書房

岩渕 未紗・小田 佳代子・高橋 知音・山﨑 勇・徳吉 清香・金子 稔（2013）．ADHD 困り感質問紙短縮版の作成 CAMPUS HEALTH, *50*, 453-455.

岩渕 未紗・高橋 知音（2011）．大学生の ADHD 困り感質問紙の作成 信州心理臨床紀要, *10*, 13-24.

J.COSS 研究会（編）（2010）．　J.COSS 日本語理解テスト　風間書房

兜森 真粧美・武田 篤（2008）．発達性読み書き障害の早期発見に向けての検討——小学低学年児童へのスクリーニング検査の実施——　秋田大学教育文化学部附属教育実践研究紀要, *30*, 77-84.

Kagan, J.（1966）．Reflection-Impulsivity: The generality and dynamics of conceptual tempo. *Journal of Abnormal Psychology*, *71*, 17-24.

神尾 陽子（2012a）．精神科医療で出会う自閉症スペクトラム障害のあるおとなたち　神尾 陽子（編）　成人期の自閉症スペクトラム診療実践マニュアル（pp.2-14）医学書院

神尾 陽子（2012b）．ASD に特有な認知および言語特性　神尾 陽子（編）成人期の自閉症スペクトラム診療実践マニュアル（pp.15-22）医学書院

神尾 陽子・辻井 弘美・稲田 尚子・井口 英子・黒田 美保・小山 智典・宇野 洋太・奥寺 崇・市川 宏伸・高木 晶子（2009）．対人応答性尺度（Social Responsiveness Scale ; SRS）日本語版の妥当性検証——広汎性発達障害日本自閉症協会評定尺度（PDD——Autism Society Japan Rating Scales ; PARS）との比較　精神医学, *51*, 1101-1109.

上林 靖子（2003）．客観的行動測定　上林 靖子・齊藤 万比古・北 道子（編）　注意欠如・多動症——ADHD——の診断 ・ 治療ガイドライン（pp.35-38）　じほう

金子 真人・宇野 彰・春原 則子・粟屋 徳子（2013）．視覚性注意障害を鑑別する線画同定課題作成の試み　第 107 回日本小児精神神経学会プログラム・抄録集，55.

刈田 恵介・篠田 晴男・篠田 直子（2021）．ASD 傾向を有する大学生の修学支援ニーズとオンライン・グループワークの試み　立正大学臨床心理学研究，*19*, 9-15.

鹿島 晴雄・三村 將・田渕 肇・森山 泰・加藤 元一朗（2003）．BADS 遂行機能障害症候群の行動評価日本版　新興医学出版

片岡 聡（2017）．自閉スペクトラム症（ASD）者の視点から見た大人の発達支援の問題点　精神科治療学，*32*, 1649-1654.

Kaufman, A. S.（1994）．Intelligent testing with the WISC-Ⅲ．John Wiley & Sons.Kessler,R.C.,Adler,L.,Ames,M.,Demler,O.,Faraone,S.,Hiripi,E.,Howes,M.J.,Jin,R.,Secnik,K.,Spencer,T.,Ustun,T.B.,&Walters,E.E.（2005）．The World Health Organization Adult ADHD Self-Report Scale（ASRS）．*Psychological Medicine*, *35*, 245-256〈Japanese version; http://www.hcp.med.harvard.edu/ncs/asrs.php〉.

川久保 友紀（2016）．精神疾患の背景にある発達障害をみつけるアセスメントと支援　臨床心理学，*16*, 185-189.

川崎 聡大（2017）．ディスレクシアのアセスメントと支援　秦野 悦子・高橋 登（編）　言語発達のアセスメントと支援（pp.273-300）　ミネルヴァ書房

萱村 俊哉・中嶋 朋子・坂本 吉正（1997）．Rey-Osterrieth　複雑図形における構成方略の評価とその意義　神経心理学，*13*, 190-198.

北 洋輔（2015）．脳機能における特徴　脳と発達，*47*, 194-197.

Kita,Y., Suzuki,K.,Hirata, S., Sakihara,K.,Inagaki, M., & Nakai A.（2016）．Applicability of the Movement Assessment Battery for Children-Second Edition to Japanese children: A study of the Age Band 2. *Brain & Development*, *38*, 706-713.

木谷 秀勝（2017）．自閉症スペクトラム障害への WISC-Ⅳの臨床的活用　山口大学教育学部附属教育実践総合センター紀要，*43*, 47-55.

向後 礼子・越川 房子（2000）．知的障害者の非言語的コミュニケーション・スキルに関する研究　障害者職業総合センター

河野 俊寛・ 平林 ルミ・ 中邑 賢龍（2017）．Understanding Reading and Writing Skills of Schoolchildren Ⅱ（URAWSS Ⅱ）　atacLab.

小坂 浩隆（2022）. 成人期に初めて診断される ADHD　齊藤 万比古・飯田 順三（編）　注意欠如・多動症——ADHD——の診断・治療ガイドライン第 5 版（pp.398-408）　じほう

熊谷 晋一郎（2016）. 自閉スペクトラム症の研究において地域性・時代性に依存する disability と個体側の impairment を区別することの重要性　発達心理学研究, *27*, 322-334.

熊谷 晋一郎（2018）. 体験としての発達障害——当事者研究から　臨床心理学, *18*, 143-148.

倉本 英彦・上林 靖子・中田 洋二郎・福井 知美・向井 隆代・根岸 敬矩（1999）. Youth Self Report（YSR）日本語版の標準化の試み——YSR 問題因子尺度を中心に——　児童青年精神医学とその近接領域, *40*, 329-344.

栗田 広・長田 洋和・小山 智典・宮本 有紀・金井 智恵子・志水 かおる（2003）. 自閉性スペクトル指数日本版（AQ-J）の信頼性と妥当性　臨床精神医学, *32*, 1235-1240.

黒田 美保（2018a）. ASD の診断的アセスメント　藤野 博・東条 吉邦（編）自閉スペクトラムの発達科学（pp.178-188）　新曜社

黒田 美保（2018b）. 公認心理師のための発達障害入門　金子書房

黒田 美保・稲田 尚子（2015）. ADOS-2 日本語版　金子書房

桑原 斉・池谷 和（2019）. 発達障害と合理的配慮　そだちの科学, *32*, 66-71.

Maddox, B.B., Brodkin, E.S., Calkins, M.E., Shea, K., Mullan, K., Hostager, J., Mandell, D.S., & Miller,J.S.（2017）. The Accuracy of the ADOS-2 in Identifying Autism among Adults with Complex Psychiatric Conditions. *Journal of Autism and Developmental Disorders*, *47*, 2703–2709.

前川 久男・中山 健・岡崎 慎治（2007）. DN-CAS 認知評価システム　日本文化科学社

前川 久男・岡崎 慎治（2008）. 認知能力についての診断　齊藤 万比古・渡辺 京太（編）注意欠如・多動症——ADHD——の診断・治療ガイドライン第 3 版（pp.76-83）　じほう

松田 修（2015）. ASD 群によくみられる WISC-Ⅳプロフィール　上野 一彦・松田 修・小林 玄・木下 智子（編）日本版 WISC-Ⅳによる発達障害のアセスメント（pp.122-124）日本文化科学社

McCallum, R. S., Bracken, B. A., & Wasserman, J.（2001）. *Essentials of nonverbal assessment*. John Wiley & Sons.

美馬 達哉（2017）. 脳多様性論（neurodiversity）と発達障害　精神科治療学, *32*, 1643-

1648.

三谷 絵音・高橋 知音・重留 真幸・秋元 孝城・村山 光子・佐藤 充・酒井 陽香・小笠原 哲史・小貫 悟（2016a）. 大学生の読み書き関連質問紙の妥当性・信頼性の検討　日本LD学会第25回大会（パシフィコ横浜）.

三谷 絵音・高橋 知音・板倉 はるか・北澤 加純・不破 ひかり（2016b）. 大学生の読み書きの流暢性を測定する課題の作成　日本心理臨床学会第35回秋季大会（パシフィコ横浜）.

村田 美和・平林 ルミ・河野 俊寛・中邑 賢龍（2017）. Understanding Reading and Writing Skills of Schoolchildren-English Vocabulary(URAWSS-English) atacLab.

中田 洋二郎（2016）. 知能検査の臨床的意義と限界　齊藤 万比古（編）　注意欠如・多動症——ADHD——の診断・治療ガイドライン第4版（pp.82-91）　じほう

中田 洋二郎（2018）. 我が国の「障害受容」という概念を巡って　立正大学心理学研究年報, 9, 77-81.

根來 秀樹（2016）. 成人期の ADHD　齊藤 万比古（編）注意欠如・多動症——ADHD——の診断・治療ガイドライン第4版（pp.324-329）　じほう

日本版 WAIS-III 刊行委員会（2006）. 日本版 WAIS-III　日本文化科学社

日本版 WPPSI-III 刊行委員会（2017）. 日本版 WPPSI-III　日本文化科学社

日本高次脳機能障害学会（2003）. 標準失語症検査　新興医学出版社

日本高次脳機能障害学会（2006）. 標準注意検査法・標準意欲評価法　新興医学出版社

日本高次脳機能障害学会 Brain Function Test 委員会（2022）. CAT-R・CAS 改訂版標準注意検査法・持続性注意検査　新興医学出版社

小田 佳代子・高橋 知音・山﨑 勇・森本 晃子・金子 稔・鷲塚 伸介・上村 惠津子・山口 恒夫（2011）. 質問紙を用いた発達障害関連支援ニーズと精神的健康度との関連の検討　CAMPUS HEALTH, 48, 210-215.

岡田 智・中田 洋二郎（2022）. 知能検査の臨床的意義　齊藤 万比古・飯田 順三（編）　注意欠如・多動症——ADHD——の診断・治療ガイドライン第5版（pp.104-113）　じほう

奥村 智人・川崎 聡太・西岡 有香・若宮 英司・三浦 朋子（2014）. CARD ガイドブック　玉井 浩（監修）　ウィードプランニング

太田 豊作・飯田 順三・岩坂 英巳（2013）. 子どもの注意欠如・多動性障害の標準的診療指針を目指して　児童青年精神医学とその近接領域, 54, 119-131.

Rosenzweig, S. (1978). *The Rosenzweig Picture Frustration Study: Basic Manual*. Rana

House.

Rutter, M., Bailey,A., & Lord, C.（2003）．*The Social Communication Questionnaire*. Western Psychological Services.［黒田 美保・稲田 尚子・内山 登紀夫（2013）．『SCQ 日本語版 対人コミュニケーション質問紙』金子書房］

齋藤 万比古（2022）．第 5 版ガイドラインへの改訂をめぐる検討──執筆者アンケートを通じて── 齊藤 万比古・飯田 順三（編）注意欠如・多動症──ADHD──の診断・治療ガイドライン第 5 版（pp.410-427）じほう

佐野 勝男・槇田 仁（1960）．SCT 精研式文章完成法テスト 金子書房

佐藤 克敏・徳永 豊（2006）．高等教育機関における発達障害のある学生に対する支援の現状 特殊教育学研究, *44*, 157-163.

Schopler, E., Reicheler, R.J., & Renner, B. R.（1986）．*Childhood Autism Rating Scale*. Irvington Publishers.［佐々木 正美 監訳（1989）『CARS : 小児自閉症評定尺度』岩崎学術出版社］

Schopler, E., Van Bourgondien, M., Wellman,J., & Love, S.（2010）．*Childhood Autism Rating Scale, Second Edition（CARS-2）: Manual*. Western Psychological Services.

瀬戸屋 雄太郎・河内 美恵・木原 望美・長沼 葉月・北 道子・上林 靖子（2016）．子どもの行動チェックリスト自己記入版 2001 年版（ユースセルフリポート：YSR/11-18）日本語版の標準化の試み 小児の精神と神経, *56*, 223-231.

Shaywitz, S.（2003）．*Overcoming dyslexia*. New York: Alfred A Knopf.（シェイウィッツ, S. 藤田 あきよ（訳）（2006）．読み書き障害（ディスレクシア）のすべて PHP 研究所）

島田 直子（2016）．多文化背景の子どもたちへの知能検査の利用法──心理教育アセスメントに関する近年の米国の文献から── LD 研究, *25*, 358-367.

Shimada, N., Iida, J., Shi,X., Tsuda, Y., Terashima, H., Xiang Li, Y.,Funaki, R., & Imamura, Y.（2016）．An Initial Validation Study of Universal Nonverbal Intelligence Tests for Chinese Students in Japan. *International Journal of Psychology*, *51*, supplement S1, 946.

新版 K 式発達検査研究会（2001）．新版 K 式発達検査 京都国際社会福祉センター

篠田 晴男（2022）．対応指針に基づく障害学生支援の展開と今後の課題─合理的配慮の先にあるもの─ 立正大学障害学生支援室年報, *5·6*, 43-59.

篠田 晴男・中茎 里実・篠田 直子・高橋 知音（2017）．大学生の発達障害関連支援ニーズ

と修学上の移行スキル支援　立正大学心理学研究所紀要，*15*，7-11.

篠田　晴男・島田　直子・篠田　直子 (2017). 発達・精神障害のある学生の支援に活かすアセスメント(1)——発達障害関連支援ニーズとその評価を中心に——　立正大学障害学生支援室年報，*1*，26-32.

篠田　直子・沢崎　達夫・石井　正博 (2013). 注意に困難さのある大学生への支援プログラム開発の試み　目白大学心理学研究，*9*，91-105.

篠田　直子・高橋　ユウエン・篠田　晴男・高橋　知音 (2018). 大学生の認知的柔軟性と ASD・ADHD の特性との関連　CAMPUS HEALTH，*55*，174-179.

篠田　直子・高橋　ユウエン・高橋　知音・篠田　晴男 (2018). 大学生版認知的柔軟性尺度作成の試み　信州大学教育学部研究論集，*12*，137-149.

白神　智絵・筒井　道子・萩原　利香・谷　英俊・寺田　和永・妹尾　靖晃・小野　舟瑛・津川　秀夫 (2013). 高機能広汎性発達障害者の P-F スタディにおける U 反応の検討　日本心理学会第 77 回大会発表論文集, 286.

Sonuga-Barke, E., Bitsakou, P., & Thompson, M. (2010). Beyond the dual pathway model: evidence for the dissociation of timing, inhibitory, and delay-related impairments in attention-deficit/hyperactivity disorder. *Journal of the American Academy Child Adolescent Psychiatry*, *49*, 345-355.

杉下　守弘 (2001). WMS-R ウェクスラー記憶検査　日本文化科学社

杉下　守弘 (2006). 失語症検査 WAB　医学書院

杉下　守弘・山崎　久美子 (1993). 日本版レーヴン色彩マトリックス検査　日本文化科学社

鈴木　浩太(2022). 注意欠如・多動症に関わる行動指標の包括的レビュー：心理学的特徴と異種性　心理学評論，*65*, 80-99.

鈴木　浩太(2023). 注意欠如・多動症児・者における抑制課題遂行中の脳活動に関する文献的検討——Nogo-P3 を中心にして　生理心理学と精神生理学，*41*, 172-183.

Suzuki, K. & Shinoda, H. (2010). Error-related Components and Impulsivity related to Speed and to Accuracy Trade-off. *Human Cognitive Neurophysiology*, *3*, 26-36.

高橋　舟・宮本　信也 (2015). 時間情報処理への衝動性の関与の検討——注意欠如・多動症と自閉スペクトラム症との比較——　日本 ADHD 学会第 6 回総会プログラム・抄録集，34.

高橋　道宏・多喜田　保志・市川　宏伸・榎本　哲郎・岡田　俊・齊藤　万比古・澤田　将幸・丹

羽 真一・根來 秀樹（2011）．成人期の ADHD 症状評価尺度 CAARS-screening version（CAARS-SV）日本語版の信頼性および妥当性の検討　精神医学, *53*, 23-34.

高橋 脩（2018）．社会福祉制度を踏まえた発達障害のある人の成人期への移行支援　児童青年精神医学とその近接領域, *59*, 588-596.

高橋 剛夫（1995）．ベントン視覚記銘検査日本語版　三京房

高橋 知音（2011）．高機能広汎性発達障害における社会性の問題の背景要因を評価する検査バッテリー開発　平成 19 年度〜平成 22 年度科学研究費補助金（基盤研究（C））研究成果報告書

高橋 知音（2016）．大学におけるアセスメントと支援　臨床心理学, *16*, 190-194.

高橋 知音（2017）．発達障害　大学、短期大学及び高等専門学校における障害のある学生の修学支援に関する実態調査分析報告：平成 17 年度（2005 年度）〜平成 28 年度（2016 年度）（pp.75-99）　日本学生支援機構

高橋 知音・小林 正信（2004）．4 段階評定による新 UPI の開発——信頼性，妥当性の検討と下位尺度の構成——　CAMPUS HEALTH, *41*, 69-74.

高橋 知音・岩渕 未紗・須田 奈都美・小田 佳代子・山﨑 勇・榛葉 清香・森光 晃子・金子 稔・鷲塚 伸介・上村 恵津子・山口 恒夫（2012）．発達障害困り感質問紙実施マニュアル第 1 版　三恵社

高橋 知音・岩渕 未紗・須田 奈都美・小田 佳代子・山﨑 勇・榛葉 清香・森光 晃子・金子 稔・鷲塚 伸介・上村 恵津子・山口 恒夫（2015）．発達障害困り感質問紙実施マニュアル第 2 版　三恵社

高橋 俊英（2012）．自閉症スペクトラム障害の診断アルゴリズム　神尾 陽子（編）成人期の自閉症スペクトラム診療実践マニュアル（pp.xxiii）　医学書院

田中教育研究所（2005）．田中ビネー知能検査 V　田研出版

田中 美郷（1990）．改訂版随意運動発達検査　財団法人発達科学研究教育センター
東京大学医学部心療内科 TEG 研究会（2019）．新版 TEG 3　金子書房

田中 康雄（2001）．ADHD の明日に向って　星和書店

天満 翔（2023）．日本における自閉スペクトラム症のロールシャッハ研究の文献展望　心理臨床学研究, *41*, 386-396.

藤堂 高直（2011）．DX 型ディスレクシアな僕の人生　主婦の友社

辻井 正次（2015a）．SP 感覚プロファイル　日本文化科学社

辻井 正次（2015b）．AASP 青年・成人感覚プロファイル　日本文化科学社

辻井 正次・村上 隆（2014）．Vineland-Ⅱ適応行動尺度　日本文化科学社

土屋 賢治・黒田 美保・稲田 尚子（2013）．ADI-R 日本語版　金子書房

土屋 賢治・服巻 智子・和久田 学・新村 千江・首藤 勝行・大須賀 優子・村田 絵美・中原 竜治・浅野 良輔・高見 就・鈴木 勝昭・森 則夫・黒木 俊英・片山 泰一（2015）．GazeFinder（Ka-o-TV）を用いた自閉スペクトラム症の早期診断指標の開発：1歳6か月乳幼児健診における活用に向けて　脳 21, *18*, 203-213.

上野 一彦・藤田 和弘・前川 久男・石隈 利紀・大六 一志・松田 修（2010）．WISC-Ⅳ 知能検査　日本文化科学社

上野 一彦・石隈 利紀・大六 一志・松田 修・名越 斉子・中谷 一郎（2021）．WISC-Ⅴ 知能検査　日本文化科学社

上野 一彦・篁 倫子・海津 亜希子（2015）．LDI-R　LD 判断のための調査票　日本文化科学社

宇野 彰・春原 則子・金子 真人（2017）．改訂版標準読み書きスクリーニング検査——正確性と流暢性の評価——　インテルナ出版

宇野 彰・新家 尚子・春原 則子・金子 真人（2005）．健常児におけるレーヴン色彩マトリックス検査：学習障害児や小児失語症児のスクリーニングのために　音声言語医学, *46*, 185-189.

牛島 洋景（2016）．神経心理学的検査　齊藤 万比古（編）注意欠如・多動症——ADHD——の診断・治療ガイドライン第4版（pp.91-95）　じほう

谷口 清（2018）．発達臨床心理学　遠見書房

山田 佐登留（2002）．ADHD の CPT 検査　齊藤 万比古・渡部 京太（編）注意欠如・多動性障害——ADHD——の診断・治療ガイドライン第3版（pp.74-76）　じほう

山上 史野・窪田 由紀（2016）．学生相談臨床とアセスメント——多面的なアセスメント視点の分類と考察——　名古屋大学大学院教育発達科学研究科紀要 心理発達科学, *63*, 135-143.

山本 奈都実・高橋 知音（2009）．自閉症スペクトラム障害と同様の行動傾向を持つと考えられる大学生の支援ニーズ把握の質問紙の開発　信州心理臨床紀要, *8*, 35-45.

山﨑 勇・高橋 知音・岩渕 未紗・小田 佳代子・徳吉 清香・金子 稔（2012）．UPI-RS, ADHD・ASD 困り感質問紙の短縮統合版の試作　CAMPUS HEALTH, *49*, 67-72.

安原　昭博・吉田　由香・堀　あいこ（2003）．パソコンを用いた注意欠陥／多動性障害（AD/HD）診断用テスト「もぐらーず」の使用経験　脳と発達，*35*，165-167.

Yasumura, A., Omori, M., Fukuda, A., Takahashi, J., Yasumura, Y., Nakagawa, E., Koike, T., Yamashita, Y., Miyajima, T., Koeda, T., Aihara, M., Tachimori, H., & Inagaki, M. （2017）. Applied Machine Learning Method to Predict Children with ADHD using Prefrontal Cortex Activity: A Multicenter Study in Japan. *Journal of Attention Disorder*, *24*, 2012-2020. doi:10.1177/1087054717740632

若林　明雄・東條　吉邦・Baron-Cohen, S.・Wheelwright, S.（2004）．自閉症スペクトラム指数（AQ）日本語版の標準化——高機能臨床群と健常成人による検討——　心理学研究，*75*，78-84.

若松　直樹・穴水　幸子・加藤　元一郎（2003）．Rey Auditory Verbal Learning Test（RAVLT）日本臨床，増刊号，279-284.

Wing, L., Leekam, S.R., Libby, S. J., Gould, J., & Larcombe, M.（2002）. The Diagnostic Interview for Social and Communication Disorders: background, inter-rater reliability and clinical use. *Journal of Child Psychology and Psychiatry*, *43*，307-325.

トピックス

1.支援補遺

（学生当事者の視点から：2019年度障害学生支援FD講演録より）

　大学の2年くらいの頃だと思うんですけど、ASDの診断が出ました。自分ではどちらかというとADHDじゃないかと言われていたので、ADHDと両方で割合的に7:3くらい6:4くらいでADHDの方が強いかなというような気がします。

修学困難：ノートテイクが結構大変だったのと、レポートの提出が手書きで課された授業があって、そのときはちょっと大変でした。先生がちょっと書いて、あとは口で説明することが、それを一生懸命メモを取るんですけど、聞きながら書くのはやっぱり難しかったので。それは手書きじゃなくてパソコンとか使っていいならもうちょっと精度は上がるかなとか。レポートもそうですけど、もともと文章を考えたり、作文とかが苦手だったので。手書きで字を書きながらレポート内容を考えてとかってやってるともう、頭がおかしくなりそうだし、字も綺麗に書けないので大変でした。そのレポートは最初はパソコンで書いて、手書きで清書して出しました。

　グループでやる実験とか授業も苦手でした。大きい部屋で何グループもできて、同時に話とか実験とかが始まると、ざわざわしちゃって。そういう中だと目の前のことに集中できなくなっちゃう。全然聞こえなくなっちゃうので、ざわざわした場所がすごく苦手なので、そういうとこは学生時代だと、模擬カウンセリングを3人一組でやるのとか、そのグループで討論してワークをやるとかいうときに。こういう大きい部屋で、同時多発的にいろんなグループが話を始めるとか、そういう場にいるのがちょっと辛かったなと思ってました。

ゼミでの学び：ゼミに入ると、十人くらいのゼミだったので、ちょっと付き合いやすくなったかなって、いろんな人と仲良くなれました。今も結構連絡とったりしてます。卒業論文については、書いたり作文とかが苦手だったので、どうしたもんかなという風に思ってたんですけど。私はその卒業論文で、大学生の時までの自伝を書いたんですけど、どうしても一人で書いていっても全然進まないので。同じゼミの友達に、その彼が、書記みたいになってくれて、私はもうひたすらしゃべって。こうだったとか過去の思い出とか、話をするんですけど、それをその友

達が、全部パソコンで記録してくれて。あとでそのデータをくれたので、あとそれを切り貼りして、それをどんどん打っていきました。それがすごい助かりました。

進路:高校三年生まで学習塾の方にいて、大学生になって、ちょうどそれが NIRE ができた年で。手伝ってほしいという風に言われて、それがボランティアから始めて、大学在学中そのアルバイトをしてて。そのまま、卒業してそのまま、今に続くみたいな、感じで働いてます。卒業生だったので、知ってる人が多いっていうので、自分も知ってるし。自分のこともわかってくれる人が、多かったので、よかったかなと思います。今は、そのフリースペースに私も勤めてるんですけど、とにかくうるさいんですよ、フリースペースは。ワンフロアで、みんな的当てゲームとかやって凄い盛り上がってて、もう今日も凄かったですよね。もうほんと、勘弁してくれっていうくらいで。そういうところにいなきゃいけないというか、そういうところにいるのは凄いしんどいんですけど、耳栓普通に使ってて。印象に残ってるんですけど、特にうるさい、筆頭の中学 3 年生の子がいるんですけど。「今日俺めっちゃうるさくするから耳栓した方がいいよ」って言ってきたことがあって、自覚あるんだと思って。そういう風に、一人だけ耳栓使ってても、変なのとかそういうこと言わないような。場ができてるんだなと思ったエピソードなんですけど、耳栓使ったり、何とか。今日ちょっと耳栓忘れて、なんかすごい嫌だったんですけど、はい。

育ち:卒論を書いたときに、自分の母子手帳をちょっと探して、参考にしてたんですけど。そこでうちの母が、呼んだら振り向きますかの質問にいいえをつけていて、耳が聞こえてないのかもしれないということが書いてあったんで。このころからというか、そういう風に、思われてはいたんですけど。それがそのまま診断とか支援に繋がったっていうことは、まあもう 30 年以上昔の話なんで、なくて。そのまま小・中・高と公立で、やっぱ小学校中学校は一番苦労したのは、勉強面でした。で、今自分が仕事をしている中で子供たちに勉強教えてますけど。凄い、ここで躓くのはよくわかるなとか、難しいよねっていう風に、共感できます。高校は比較的、自由な校風なところで、のんびりやってたので、楽しくやってました。図工とか、家庭科とかが、とても苦手でした。今もです。今はテープ糊っていうのがあってそれは凄い、画期的だと思います。ノートにプリントを貼っ

たりとか。糊とかそういう、使わされましたけど、ほんとにダメで。趣味は鉄道
と、旅行が好きです。毎年、夏休み、最近父と一緒に海外旅行に行っています。

(北澤　千穂)

*インフォーマルな支援として、ゼミ内で営まれたナチュラル・サポートの一端もうか
がえる貴重なエピソードです。

中塚 史行・北澤 千穂・篠田 晴男・饒波 圭祐 (2021). FD 講演「地域とともに考える青
　年期の発達支援」 立正大学障害学生支援室年報, *4*, 26-40.

(ピア・サポーターの視点から)

発達障害のあるゼミ生Aさんとの出会い：大学3年の時、発達臨床を実践・研究
している指導教員のゼミに入りました。指導教員を囲んで若い学生さん達と、私
のような福祉や教育等の現場で働きながら学ぶ社会人学生らでワークや発表、
ディスカッションが和やかに行われる中、ウトウトと寝てしまう、発言が求めら
れると辛そうな表情で黙ってしまう、無言で突然部屋から退室するといったAさ
んのことが、ゼミ生として気になる存在となっていきました。その後、Aさんに
発達障害があること、修学困難に陥っており同期として共に卒業することが難し
く、ゼミ生のサポートがのぞまれる状況にあることを知りました。私にとってA
さんは青年期の高機能自閉症がある人として初めての出会いでした。当時保育士
として様々なタイプの自閉症のある幼児を担当していた私は、Aさんのゼミでの
様子を通して、幼児期でも青年期でも概ね共通した社会性やコミュニケーション
の困難さを抱えていることを知りました。臨床心理学専攻の学生から院生 (TA)
になったことを機に、指導教員の指導・助言の下、Aさんのピア・サポーターを
担当していくことになりました。

ピア・サポーターを担当して気づいたこと：Aさんへ修学上の困り事を聴取する
日時の約束をしました。しかし、当日Aさんは現れませんでした。連絡も繋がら
ず約束は流れてしまいました。後日Aさんに事情を聴くと、単位修得以前に、大
学生活を送るにあたっての体調管理の困難さや、見通しをもって予定通り行動す
るため時間やスケジュールの管理の苦手さを知り、Aさんを理解する上で、発達
特性だけでなく、Aさんを取り巻く環境や生活の様子等のメタな視点や想像力が

必要だと気づかされました。

ピア・サポーターの心得：発達障害がある学生には新奇場面や初対面への不安や緊張が高く、コミュニケーションがうまくとれない場合があります。急な変更も混乱を招いてしまいます。そのため、うまくできるかどうかより一度引き受けたら求めに応じて伴走する存在でいることがピア・サポーターの心得だと私は思います。そして、ピア・サポーターとして柔軟かつ気長に対応する心構えも必要でした。その上で、困りごとや思いを語ってもらえるような安全な環境、安心・信頼してもらえるような態度、当事者のペースに寄り添う姿勢が大切です。併せて、聴取をすすめる中で提供できることや限界等支援の枠組みを事前に、あるいは、その都度確認し合い、記録しておく等の対応もあるとよいでしょう。学生生活を共に過ごす身近な存在であるピアとして、修学にかかわる情報提供ができる存在であることは有益かつ強みだと思います。また、ピア・サポーター自身も困った時には指導や助言をしてくれる教職員やサポーター仲間の存在は何より心強いことでしょう。Ａさんの場合、ファシリテーター役であるゼミの指導教員の指導・助言の下、修得できている科目と未修得科目の分析、修得における評価内容の把握、心配していること、どのように困ってきたのか等について具体的かつ丁寧にＡさんへ聴取することがピア・サポーターの私の大切な役割でした。来校しても上手く話ができない時は聴取する内容を口頭やメモ、メールで予告しておく工夫や配慮が必要だということも少しずつわかっていきました。

ピア・サポーターの必要性：ピア・サポーターを十分担えていたのか、今でも曖昧さが残っています。それでも指導教員からの指導や助言の下、前日や当日にメールを送る対応により大幅な遅刻をせずに待ち合わせ時間に来ることができたこと、授業担当の先生へ出欠席の確認のやりとりのために事前にリハーサルをし、当日はＡさん自らコミュニケーションをとって確認できたこと、読んだ本の考察をレポート作成する際、私からの質問に答えた内容をＡさんがパソコンに入力して無事提出し単位取得に至ったこと等、少しの手助けがあればＡさん自身でやり遂げる姿を目の当たりにできたことは心から嬉しく、安堵しました。しかし、Ａさんは自分の感情を言葉や態度に出すことがなかったので当時どんな気持ちを味わったのかわかりません。それでもＡさんと一緒に悩んだり考えたり確認し合ったりしながら、共にやり遂げた達成感や成功体験を味わった同士であったのならいい

なと今も密かに思っています。そして、Aさんが私を信じてくれたことが、ピア・サポーターの私を支えてくれていたことは今も実感しています。

その後どのようなことに役に立ったか：Aさんの修学支援にあたり、困難さの聴取に加えWAIS等のテストバッテリーを実施し、認知特性、強み・苦手さ等を理解し見立ててから実践しました。現在私は児童発達支援センターや福祉保健センター等で、乳幼児期の知能・発達評価、個別指導および保護者面談、保育所等訪問支援（コンサルテーション）等の発達臨床に携わっていますが、このピア・サポートの経験が私の臨床の原点になっていると思います。指導教員の厳しくも丁寧で温かい指導のおかげで、Aさんのピア・サポートの一端を担う経験をさせて頂いたことを深く感謝しています。当時の私の拙い実践やこれまでの失敗や内省を通して、「想像すること・つなぐこと・支えること・和らげること」という合言葉が想起され、今の私の臨床を支えてくれています。

（福島　実子）

福島　実子・篠田　晴男（2007）．HFPDD のある学生への心理教育的支援　日本自閉症スペクトラム学会第6回研究大会発表論文集，62.

2.アセスメント補遺

（支援ニーズの把握）

ADHD のある大学生の発達凸凹特性をとらえるチェックリスト開発：障害学生支援室には大学生活における生きづらさの背景に ADHD を疑って来談する学生が増えている。平成28年度では ADHD は発達障害の2割近く、ASD との重複例が1割以上となっている（高橋，2017）。特に大人の発達障害が注目されるようになって以来、本やネット上にあふれる ADHD の行動特徴の情報で気づき、確定診断のないまま障害学生支援の窓口にたどり着く学生も少なくない。これらの学生は高校までの学校生活はどうにか乗り切れてきたが、自由度の高い大学生活を迎えていよいよ問題が顕在化するのである。障害学生支援においては、彼らの特性は日常生活におけるエピソードとして語られる。大学生活で不適応を起こしている学生の中には、"自分の特性（特徴）を知りたい"、"特徴を知って対応したい、もしくは配慮してほしい"という思いがある。そのニーズに応える最初のステップ

としてあげられるのがチェックリストである。ここでは、大学生の ADHD 特性を把握する質問紙のひとつである大学生版 ADHD 特性尺度（篠田・沢崎・篠田, 2015）の特徴と利用方法について解説する。

大学生版 ADHD 特性尺度（ADHS-HE）：大学生版 ADHD 特性尺度は、ADHD 特性をスペクトラムとしてとらえ、不注意、多動性―衝動性という ADHD の中核的特性に加え、大学生活によって影響を受ける可能性のある行動上の問題、さらに心的不適応感について 37 項目で把握する質問紙である。認知機能、特に実行機能の拙さを背景としたプランニングの弱さや、多動性―衝動性を背景とした対人関係における行動抑止の困難、明確な理由がわからない不安など ADHD の特性によって阻害される大学生活上の適応問題を包括的にチェックできる。中核的特性については、不注意 9 項目、多動性―衝動性 9 項目は DSM-IVにある表現を日本の大学生に適した形に文言を調整し 2001 年から 2012 年に 6 期に分けてデータを収集した結果、年度によらず 1〜4 点でほぼ同じ分布を示したことからも一定程度の妥当性・信頼性は担保されている。また、DSM-IV-TR の基準に従ってサブタイプに分類したところ、海外や日本の疫学調査よりも、臨床域にあたる得点がやや高めに出る傾向があり、特に不注意特性は高い。項目数はやや多いものの、特性と問題を別々に得点化できることによって、日常生活の中で起きる問題が ADHD 特性に起因する可能性があるのか、それとも別の要因なのかなど検討すべき点の示唆が得られる。

大学生版 ADHD 特性尺度の利用方法：この尺度には、より特徴を明確化し適切な支援を決定する掘り下げ検査につなげるためのスクリーニング、学生本人の ADHD 特性の自己理解を深めるための材料、さらに介入効果検証の手がかりとしての 3 つの利用方法がある。

①スクリーニング

　本人や周囲が、学生の不適応状態を訴えて障害学生支援関連部署を訪れた際に、スクリーニングテストとして実施することが用途のひとつである。合理的配慮などの適切な支援方法につなげるために、質問紙の結果を踏まえて問題の背景に ADHD 特性が予測されるか否かを判断し、必要に応じて掘り下げ検査につなげる

ことができる。

②自己理解の深化

　生きづらさを抱える学生本人に対しては、各項目について可視化したデータを提供することで自分の問題を ADHD 特性という視点から改めて考えることができる。直接的な支援につながらなくても、自分の修学上の問題など生きづらさの背景に不注意などの特性が影響している可能性を知る簡単な手段のひとつとして利用することもできる。"わけがわからずうまくいかない"のではなく"理由があってうまくいかない"ということを理解することは、自分にあった対応策を選択する機会を与えるとともに、つかみどころのない学生の不安を軽減させるとの報告もある（篠田，2015）。学生の自己理解を深化させるひとつの手段といえる。

③介入プログラムでの利用

　自由度が高く自己管理を要求される大学では、プランニング・時間管理は非常に重要なスキルであるばかりでなく、社会で自立して生きていくためには欠かせない能力である。自分の苦手さを理解したうえで、目標を明確にし、計画をたて、実行し、見直す PDCA サイクルを回せるようになるスキルを学ぶ時間管理プログラムを導入している大学も少なくはない。このようなプログラムにおいてチェックリストが利用できる（篠田他,2013）。まず、プランニングの弱さが、不注意に起因するものなのか、多動性—衝動性に起因するものなのか、それ以外なのかなどを知り、自分の特性にあったプランニングスキルを獲得するための手がかりとして利用できる。次に、介入プログラムの効果測定として利用する。変えようのない特性と変化が期待される行動や不適応感を一度にはかり提供することで、自分自身の特性を対応できるものとして受容していく手がかりになる。

もうひとつの課題−認知的柔軟性：大学生活への適応に影響を与えるもうひとつの能力が認知的柔軟性である。実行機能のひとつである認知的柔軟性は、状況に応じて注意を切り替えるセット転換の能力であり、読み、書き、計算などのスキルと関連しており、学業成績を予測できるとの報告がある（Kercood et al.,2017）。篠田・高橋・篠田・高橋（2018）は大学生の認知的柔軟性のチェックリストである大学生版認知的柔軟性尺度（CFS-HE）を作成し認知的柔軟性と不安との関連を検討した結果、認知的柔軟性の弱さは ASD 傾向の「注意の切り替え」や ADHD

特性の「不注意」と関連が強く、プランニングの弱さとともに大学生の心的不適応に影響することが示唆されている。

　このように、チェックリストは簡便に障害特性や不適応行動をとらえることができる。特に診断までには到らないため支援につながりにくい、生きづらさを抱えている学生にとって、自己理解・自己受容・対応スキルの獲得の手がかりとして役立つであろう。

（篠田　直子）

Kercood,S.,Lineweaver,T.,Frank,C., & Fromm,D.（2017）. Cognitive Flexibility and Its Relationship to Academic Achievement and Career Choice of College Students with and without Attention Deficit Hyperactivity Disorder. *Journal of Postsecondary Education and Disability*, *30*, 329-344.

篠田　直子・沢崎　達夫・篠田　晴男(2015). 不注意と多動性・衝動性の自覚の強さが大学生における心的不適応感に与える影響　カウンセリング研究, *46*, 20-31.

篠田　直子・　沢崎　達夫・石井　正博(2013). 注意に困難さのある大学生への支援プログラム開発の試み　目白大学心理学研究, *9*, 91-105.

篠田　直子・高橋　ユウエン・篠田　晴男・高橋　知音(2018). 大学生の認知的柔軟性と ASD・ADHD の特性との関連　CAMPUS HEALTH,*33*,174-178.

資料：大学生版 ADHD 特性尺度（ADHD traits Scale for Higher Education: ADHS-HE）

　１．質問紙：次頁

　２．得点換算

　　　各下位尺度得点は、該当する項目（質問紙の右側に明示）の得点を足しあげ項目数で割った得点とする。得点範囲は、1〜4 であり、得点が高い方がその特徴を強く示す。

　　　ADHD 特性の強さ：不注意（9）・多動性衝動性（9）大学生活上の問題：プランニングの弱さ（6）・行動抑止の困難（4）・不安（4）

　本尺度に関する質問は、以下までご連絡ください。

　　篠田直子　n_shino@shinshu-u.ac.jp

Q 学習や生活面でのさまざまな問題に関しておうかがいします。

次の質問項目について、現在どの程度あると感じますか？　あてはまるものに
〇をつけて下さい。

		頻繁にある	しばしばある	たまにある	全くない	下位尺度				
						不注意	多動性衝動性	プランニングの弱さ	行動抑止の困難	不安
例	自分の意思には関係なく、代表者にさせられることがある	4	③	2	1	9	9	6	4	4
1	約束や授業に遅刻する。	4	3	2	1					
2	最初にはじめたことをやり終える前に、違うことをやり始めてしまう。	4	3	2	1			P		
3	課題や活動に必要なものをなくす。	4	3	2	1	I7				
4	力が出しきれていない、目標に達していないと感じる。	4	3	2	1					A
5	しゃべりすぎてしまう。	4	3	2	1		H6			
6	課題または遊びで、注意を持続するのが難しい。	4	3	2	1	I2				
7	順番を待つのが苦手と感じることがある。	4	3	2	1		Im2			
8	勉強や仕事などで、細かいところまで注意を払わなかったり不注意なまちがいをする。	4	3	2	1	I1				
9	じっとしていなければならない状況において、落ち着かないと感じる。	4	3	2	1		H3			
10	自分で守ろうと思っている秘密を、ついもらししてしまうことがある。	4	3	2	1				B	
11	あまりやりたくないことを途中で投げ出すことがある。	4	3	2	1			P		
12	直接話しかけられた時に、聞いていないようなことがある。	4	3	2	1	I3				
13	質問が終わる前にいきなり答えてしまう。	4	3	2	1		Im1			
14	計画はたてるものの最後までやりとげられない。	4	3	2	1			P		
15	他の人の話や活動などをさえぎったり、邪魔したりする。	4	3	2	1		Im3			
16	思ったことを何でも口にしてしまうので、あとで「しまった」と思うことがある。	4	3	2	1				B	
17	理解できなかったり反抗的になったりしているわけではないのに、指示に従えず、勉強や用事をやり遂げることができない。	4	3	2	1	I4				
18	良い報せ(しら)を聞くと、集中力を要する課題に注意を向け続けるのはとても苦労する。	4	3	2	1					
19	集中しようと努力しても、簡単に気が散ってしまう。	4	3	2	1	I8				
20	物をどこに置いたか忘れてしまったり、わからなくなったりすることがある。	4	3	2	1					
21	限(かぎ)りなく心配する傾向がある。	4	3	2	1					A
22	課題や活動を順序立てて（順序よく）行うのが難しい。	4	3	2	1	I5				
23	講義や集会、勉強中など座っていることを要求される場面で、席を離れることがある。	4	3	2	1		H2			
24	クセになっているよくない行動パターンをやめようと努力するが、やめられない。	4	3	2	1			P		
25	中断させられたり注意をそらされたりした時、それまで自分がやっていたことに注意を向け直すことが難しい。	4	3	2	1				B	
26	何か悲しかったり不安になっている時、課題に集中するのはとても苦労する。	4	3	2	1					A
27	勉強やレポートのような精神的な努力を必要することを避ける。やったとしてもいやいや行う。	4	3	2	1	I6				
28	面倒(めんどう)な課題は、すぐに取り組まないことがある。	4	3	2	1			P		
29	手足をソワソワ動かしたり、席に座ってモジモジしたりすることがある。	4	3	2	1		H1			
30	締め切りに間に合わせるのが苦手と感じることがある。	4	3	2	1			P		
31	"じっとしていない"または"エンジンで動かされるように"行動する。	4	3	2	1		H5			
32	人の話を最後までよく聞かないために、トラブルになることがある。	4	3	2	1				B	
33	日常的に習慣となっているような日々の活動を忘れることがある。	4	3	2	1	I9				
34	やる必要のあることを思いついたら、すぐにやらずにはいられない。	4	3	2	1					
35	勉強や遊びを静かに行うことを苦手と感じることがある。	4	3	2	1		H4			
36	切迫した(追い詰められて逃げ場がない)　気持ちや不安感をもつことがある。	4	3	2	1					
37	指示や命令を取り違えることがある。	4	3	2	1					

（掘り下げ検査の有用性）

標準的な検査バッテリーの検査項目では情報が不足することがあり、不足した情報を補うために掘り下げ検査が行われることもある。掘り下げ検査を適用する意義を説明し、掘り下げ検査の選択方法について解説する。

掘り下げ検査の適用：神経発達症の検査バッテリーに知能検査が組み込まれることが多い。知能検査は、知的発達症（intellectual disability: ID）の診断のために知的機能を評価する目的で利用されるだけでなく、知能検査の下位項目のバランスから認知能力の特徴を把握するために用いられる。認知能力を計測する膨大な数の検査があり、知能検査にすべてを含めることは不可能である。学生の特徴によっては、知能検査に含まれる項目だけでは十分でない場合がある。例えば、作業記憶において、音韻的に符号化された情報と視覚的に符号化された情報は異なる形で保持されると想定されている（Baddeley, 2003）。しかし、Wechsler Adult Intelligence Scale - Fourth Edition（WAIS-IV）のワーキングメモリ指標には、聴覚的に符号化されやすい刺激を用いた検査しか含まれていない（Wechsler, 2018）。そのため、視覚性作業記憶を含めて解釈を行うためには、記憶に関する掘り下げ検査が必要となる。

認知能力だけでなく、感覚や知覚にかかわる特徴を掘り下げていく必要性が生じる場合もある。知能検査において聴覚で呈示される下位検査の成績が低下している場合には、認知能力の基礎となる聴力を確認する必要があるかもしれない。感覚・知覚面の詳細な評価の必要性があると判断された場合には、言語聴覚士、視能訓練士、耳科・眼科の医師等との連携が必要となるだろう。また、高次脳機能障害を対象とした検査の中に、感覚や知覚を評価するものがある。神経発達症の検査だけでなく、様々な領域の検査から適切な検査を探索する必要もあると考えられる。

学術的に検討されている事柄が、学生の特徴の理解につながることもあるだろう。例えば、自閉スペクトラム症（autism spectrum disorder: ASD）児・者において、社会的認知能力が未熟であると考えられ(Chevallier et al., 2012)、定型発達児・者と ASD 児・者の社会的認知能力の違いが検討されてきた。このような学術的な検討を参考にして、表情認知などの社会的認知能力を詳細に評価することで、社会的コミュニケーションの困難さの背景を理解できる可能性がある。学術

的に検討されている指標は標準的な検査バッテリーに含まれていないことが多く、必要な場合には、掘り下げ検査として実施することになる。

　定型発達児・者と神経発達症児・者で有意に成績の差があるという知見で用いられた検査を実際の検査に適用する際には、検査の成績を診断カテゴリーの対応物ととらえてはならない。注意欠如・多動症（attention deficit hyperactivity disorder: ADHD）の心理学的特徴として、行動抑制障害（Barkley, 1997）、遅延嫌悪（Sonuga-Barke, 2002）、タイミング機能の障害（Sonuga-Barke et al., 2010）などがあり、これらの特徴に関係した検査の成績が定型発達児・者と比較してADHD児・者で有意に低下することが示されてきた。しかし、ADHD個人ですべての成績が低下するとは限らず、人によって検査の成績のプロフィールが異なる。つまり、ADHDには、様々な心理学的特徴を持つ者が含まれている（鈴木, 2022）。このことは、他の神経発達症に関しても同様である。したがって、診断カテゴリーにかかわる検査の成績は診断カテゴリーの対応物ではない。そのため、検査の背景にあるメカニズムや理論を理解した上で、その検査の成績を特定の機能にかかわる指標としてとらえる必要がある。

掘り下げ検査の選択：掘り下げ検査を実施する際には、①国内で販売されている検査、②対象年齢の範囲外の検査または国外で販売されている検査、③学術論文等で報告されている検査の順に適用を試みることがのぞましい。評価したい特徴を評価できる検査はあるが、その検査の対象年齢が範囲外になることもある。神経発達症児の特徴を理解する際に、同時処理と継次処理という概念が用いられることがある（Kaufman & Kaufman, 2013）。同時処理と継次処理の評価が含まれるKaufman Assessment Battery for Children Second Edition（KABC-Ⅱ）の対象年齢は18歳11カ月までであり、多くの学生が対象年齢外となる。その他の同時処理と継次処理の検査が含まれる検査バッテリーで、KABC-Ⅱの対象年齢よりも高いものはない。同時処理と継次処理の評価を正確に行いたい場合には、対象年齢外の学生の年齢を18歳11か月と考えて、KABC-Ⅱを用いて評価することになるだろう。

　国外で販売されている検査が、国内で販売されていないこともある。運動の不器用さを評価するためには、最新版となるMovement Assessment Battery for Children third edition（MABC-3; Henderson & Barnett, 2023）が適用される。国

内において、運動の不器用さを評価できる検査はなく、対象年齢の上限が 25 歳となった MABC-3 を適用することになる。国外で販売されている検査を用いる場合には、国による標準値の違いや教示の方法が成績に影響する可能性を考慮しなければならない。また、言語能力が強く影響する検査は適用できない。

　販売されている検査がない場合には、学術論文に掲載されている情報を用いて評価することができる。例えば、平均値と標準偏差を用いて Z 得点等に換算すると、他の検査結果との比較が容易になる。しかし、一般的に、学術論文に掲載されているサンプル数は、標準値として用いるには十分でないことが多い。また、使用している機材によって結果が異なることがあるため、定型発達者のデータを収集する必要があるかもしれない。

　検査の実施は、学生にとって負担になるため、不要な検査を実施するべきではない。WAIS-IV と KABC-II の下位検査項目を比較すると、類似した検査項目がある。WAIS-IV によって、KABC-II と完全に一致した解釈はできないが、類似した特徴を把握できることもある。標準的な検査バッテリーの結果についてマニュアル通りの解釈を行った後に、様々な側面から検討していくことも必要であるかもしれない。また、支援中に観察される行動や提供した支援に対する反応性から、学生の特徴を理解していくことができる。掘り下げ検査の利点と学生の負担を考慮して、掘り下げ検査の適用を判断することが望まれる。

（鈴木　浩太）

Baddeley, A. (2003). Working memory: looking back and looking forward. *Nature reviews neuroscience*, *4*, 829-839.

Barkley, R. A. (1997). Behavioral inhibition, sustained attention, and executive functions: constructing a unifying theory of ADHD. *Psychological bulletin*, *121*, 65.

Chevallier, C., Kohls, G., Troiani, V., Brodkin, E. S., & Schultz, R. T. (2012). The social motivation theory of autism. *Trends in cognitive sciences*, *16*, 231-239.

Henderson, SE, Barnett, A (2023). Movement Assessment Battery for Children, Third Edition, Pearson.

Kaufman, A. S., & Kaufman, N. L. (2013). 日本語版 KABC-II マニュアル　丸善出版株式会社

Sonuga-Barke, E., Bitsakou, P., & Thompson, M. (2010). Beyond the dual pathway model: evidence for the dissociation of timing, inhibitory, and delay-related impairments in attention-deficit/hyperactivity disorder. *Journal of the American Academy of Child & Adolescent Psychiatry*, *49*, 345-355.

Sonuga-Barke, E. J. (2002). Psychological heterogeneity in AD/HD—a dual pathway model of behaviour and cognition. *Behavioural brain research*, *130*, 29-36.

Wechsler, D. (2018). 日本語版 WAIS-IV知能検査　実施・採点マニュアル　日本文化科学社

鈴木　浩太（2022）. 注意欠如・多動症に関わる行動指標の包括的レビュー: 心理学的特徴と異種性　心理学評論, *65*, 80-99.

3.機関連携補遺
（医療機関との連携と薬物療法の実際）

　診断やカウンセリング等を受けるために医療機関を受診する発達障害者数は年々増加しており（厚生労働省）、医療現場でも発達障害を見ない日はほとんどないと言っても過言ではない。近年では、児童思春期外来だけでなく、高校生、大学生、加えて就労後に初めて困り感を生じて受診される方も多い。大学生年代であれば、「レポートや卒論が書けない」「スケジュール管理ができず単位を落とした」「（朝起きられない、おなかが痛い、頭が痛いなど、なんらかの精神症状や身体症状のために）授業に出席できない」などといった訴えがよく聞かれる。ここでは診療の場における薬物療法の実際と、本人や家族から時折依頼される「合理的配慮」をめぐる医療・教育機関の連携にかかわる課題に触れる。

発達障害の薬物療法：渡邊（2020）にもあるように、発達障害の診療を行うときには、必ずしも薬物療法が唯一の治療法ではない。まずは、その特性に応じた必要な環境調整を行うことを第一に考えるが、それでもなお社会生活に支障をきたす、あるいは二次障害や併存症が生じている、といった場合には薬物療法を検討していく。発達障害への適応が認められているものとして、「小児期の自閉スペクトラム症の易刺激性」に対しアリピプラゾール、リスペリドンが、「注意欠如多動症」にアトモキセチン、グアンファシン、メチルフェニデート、リスデキサンフェタミン（ただし、リスデキサンフェタミンは小児期の ADHD への適応）がある。診断に際し、DSM-5 から ASD と ADHD の併存が可となったこともあり、最近

では併存症例が多くなっているため、薬の適応は診断を明確に分けて使うというよりは、障害特性や支障になっている症状に応じて上記薬剤を処方している。併存症として睡眠障害、うつ病や不安障害を有する場合には、抗うつ薬や睡眠薬、抗不安薬も使用することはあるが、抗うつ薬は 24 歳以下の場合に自殺念慮・自殺企図のリスクが増大することが指摘されている上、睡眠薬、抗不安薬も依存性や耐性が生じうる。よって、個人的にはあまり積極的には使用せず、むしろ抗精神病薬や気分安定薬を用いることが多い。ただし、体重増加や耐糖能異常、女性であれば妊娠への影響（催奇形性等胎児への影響）を考える必要があることから、時に漢方薬も選択肢となる。

医療機関との連携：上述したように、「テストはできるがレポートが書けない」「学校に行くと腹痛や頭痛がして授業に参加できない」「朝起きられなくて学校にいけない」「卒論が進まない」など、大学生年代のこうした困り事の訴えは途切れることはない。本人自ら、あるいは家族が付き添い、大学へ配慮を申し出るために診断書を希望されることが少なくない。その際、特定の様式はないと話されることが多く、患者や家族の訴える困り感の聴取には留意するものの、教育機関の提供する配慮について、柔軟な調整や対応の可能性を検討して頂けるよう、あえて細部にこだわりすぎずに診断書を書くことが多い。なぜかというと、その背景に、診察場面では、本人や家族の困り感といった側面に焦点をあてているが、在籍する大学で認識されている本人の困り感の評価ははかりかねること、より具体的にいうと、大学側が求める診断書に必要な内容は何かが不明瞭であり、また配慮可能な内容に関する情報も不足がちな現状もある。自分を含め、大学側の支援体制に精通している精神科医はまだ限られており、同じように記載に際し、苦慮している医者は多いのではないだろうか。一方、諏訪他（2020a）によれば、提出された診断書の中には、教育機関で合理的配慮を検討する際の根拠資料としては不十分であり、むしろ悩みの種になることがあるという。このような状況を改善すべく、医師意見書フォーマット（諏訪他, 2020b）、発達障害・精神障害用診断書フォーマット（岸川他, 2023）を考案し、その使用が提案されている。確かに一定のフォーマットのようなものがあれば、大学の支援機関が着目する困難さや、提供が可能とされる配慮について、根拠となる診療情報をより的確に伝えやすいであろう。

必要な情報の明確化は、「医療機関⇔患者、患者⇔教育機関」でなく、「医療機関⇔教育機関」と支援者同士の垣根を低いものとする一助となろう。さらに、文書では伝わりにくい微妙なニュアンスや、医療機関から教育機関への一方向でなく双方向の意見のやりとりを促す契機となれば、より適切でタイムリーな支援の提供に益するであろう。もちろん医療機関にとって割ける時間が限られている中ではあるが、支援者のつながりが共通の視座となり、修学生活の適応改善に寄与することは紛れもない事実である。今後とも機関連携で活用しやすいフォーマットの開発・検討の進展に期待したい。

（篠田　菜々）

岸川 加奈子・下中村 武・永井 友幸・時枝 愛郁・横田 晋務・田中 真理 (2023). 学生の困難さと配慮内容の関係——発達障害・精神障害用診断フォーマットの作成の試み—— AHEAD JAPAN CONFERENCE 2023(第9回全国大会) ポスター発表抄録, 37.

諏訪 絵里子・金山 大祐・樋口 隆太郎・望月 直人・足立 浩祥・阪上 由香子・森 千夏・水田 一郎・工藤 喬 (2020a). 精神障害学生に対する根拠書類の運用プロセス—「主治医意見書」の在り方から考える— CAMPUS HEALTH, *57*, 161−168.

諏訪 絵里子・金山 大祐・望月 直人・樋口 隆太郎・足立 浩祥・阪上 由香子・水田 一郎・工藤 喬 (2020b). 精神障害学生の根拠書類としての「主治医意見書」の作成 CAMPUS HEALTH, *57*, 154−160.

渡邉 慶一郎(2020). 成人の発達障害に対する薬物療法 大人の発達障害の理解と支援 渡邉 慶一郎（編）(pp.88-95) 金子書房

（就労支援機関との連携と移行準備の実際）

　私が所属している地域障害者職業センターは、独立行政法人高齢・障害・求職者雇用支援機構が全国47都道府県に設置、運営しています。各センターには、障害者職業カウンセラー等が配置され、ハローワーク等の関係機関と密接な連携を図りながら、就職を希望する障害のある方に限らず、障害のある方を雇用している（あるいは雇用を検討している）事業主の方、障害のある方の就労を支援する関係機関の方への支援も行っています。障害者職業センターでは、障害種別を問わず、障害のある方の就労支援を行っています。発達・精神障害のある学生の大

学から社会への移行支援においては、大学から企業就労への移行支援の課題は少なくありません。今回、調査報告と関連する具体的な事例等については、当機構の研究知見（障害者職業総合センター, 2023ab）に詳述されたものをご参照頂くことが可能となっていますので、ここでは、私が障害のある方の就労支援を行う際に大切にしていることを記します。

社会参入となる就労支援の実際と課題：障害のある方の就労支援を行っていく上では、働く本人と雇用する事業主の双方を支援していくことになります。障害のある方が自身の力を発揮して企業の戦力となって働き続けるためには、本人の障害特性への自己理解と自己対処、企業の合理的な配慮の提供（職場環境とのマッチングも含む）の双方が重要となります。ジョブコーチ支援にはナチュラル・サポートという考え方があり、本人、企業担当者の双方に無理なく継続可能な体制を形作っていくことが、支援者には求められています。

　支援を進めていく上では、障害のある方、事業主の双方に、それぞれの課題解決に向けて、働きかけを行っていくことがあります。ときに厳しい局面もある中で、障害のある方と事業主の双方と真摯に向き合い、同じ目標を共有し、信頼関係を築きながらともに進んでいけることが、支援技法や様々なスキルを超えて、支援者にとっては何より大切であると、強く感じるところです。

移行と定着支援の実際と課題：職業生活は、人生全体のライフキャリアを形作る上で、非常に長いプロセスになります。私自身もその真っただ中にいますが、これまで、大学時代は進路選択に迷い、就職して間もないときは、初めての社会人生活に悩み、その時々で様々な人に支えられながら、徐々にほんの少し自分の成長を感じて嬉しくなったり、仕事にやりがいを感じることができるようになったりして職業生活を紡いできました。現在の職場でも、様々な人とのつながりやその助けがあって、何とか日々の業務をこなすことができています。発達・精神障害のある学生さんも、大学在学中の進路選択に始まり、それぞれが長い職業生活の中でその時々の課題と向き合い、悩み、乗り越えていくプロセスに身を置くことになると思います。私自身は就労支援を行う一支援者として、就労への移行や離・転職等の限定的なかかわりにはなりますが、職業生活を歩んでいく中で少しでも、その後を支える糧となる支援ができればと考えながら日々奮闘しています。

これからの機関連携の取り組みへ向けて：先に紹介した研究知見にもあるように、多様な発達・精神障害のある学生における自己理解やジョブマッチングに必要な認知特性の把握は、大学在学時から取り組まれることが望まれる課題です。また、就労支援にかかわる諸機関の情報提供や機関連携の密度も課題とされています。さらに、自己管理をはじめとするいわゆるソフトスキル獲得の課題は、定着支援にも続く息の長い課題ともいえるでしょう。先進校の事例に学びつつ、プロジェクト的な取り組みから、各大学等は独自の取り組みへと、発展的な段階へさしかかっているといえる中です。日々、真摯に取り組まれている、発達・精神障害のある学生さんへの支援の取り組みが、就労支援機関をはじめ、卒業後の学生さんのライフキャリアを支える皆様へと、点が線へとつながるかかわり合いを大切にしていきたいと感じています。

（石井　正博）

障害者職業総合センター（2023a）. 発達障害のある学生に対する大学等と就労支援機関との連携による就労支援の現状と課題に関する調査研究　調査研究報告書（No.166）

障害者職業総合センター（2023b）. 発達障害のある学生の就労支援に向けて―大学等と就労支援機関との連携による支援の取組事例集―

索引（用語集）

あ行

音韻　**63**　71

か行

学習障害（LD）　4　**19**

教育的支援（教育的対応）　**12**

限局性学習症（SLD）　4　**19**

合理的配慮　6　**12**

心の理論　70

コミュニケーション障害　4

根拠資料　27　**76**

さ行

自己理解　19　**44**　89

実行機能　16　**58**

自閉スペクトラム症（ASD）　4　**21**

社会的コミュニケーション症　20

セットシフト　74

セルフモニタリング　28

全体的統合　70

た行

ディスレクシア　4　**19**

注意欠如・多動症（ADHD）　4　**18**

な・は行

認知的柔軟性　60　**75**

発達性協調運動症（DCD）　4　**61**

複雑図形　62

ま・や・ら行

命名課題　62

英字

AASP 青年・成人感覚プロファイル　**68**

ADHS-HE 大学生版ADHD特性尺度　**117**

ADOS-2 日本語版　**66**

AQ 日本語版自閉症スペクトラム指数　**65**

ASR　53

BADS 遂行機能障害症候群の行動評価日
本版　55

CAARS 日本語版　**58**

CAT 標準注意検査法　**60**

CPT　**60**

EEG　61

ERP　**63**

ICD　17

MRI　**63**

NIRS　**58**　61

RAN　62

SCT　63

TMT　58

UPI　53

Vineland-II 適応行動尺度　**67**

WAIS 知能検査　26　**75**

WCST ウィスコンシンカード分類検査　**60**

WMS-R ウェクスラー記憶検査　55　**62**

●著者紹介●

篠田晴男：障害児・者心理学。立正大学心理学部教授。同大学初代障害学生支援室長。公認心理師、臨床心理士ほか。国立精神・神経医療研究センター精神保健研究所、Justus-Liebig-Universität Gießen 医学部生理学研究所で客員として研究に従事。筑波大学、博士（心理学）。著書：『読んで学べる ADHD の理解と対応』（監訳、明石書店、2005）、『ADHD コーチング』（監訳、明石書店、2011）、『発達障害のある人の大学進学』（分担執筆、金子書房、2014）ほか。

篠田直子：臨床心理学。信州大学学術研究院（教育学系）准教授。公認心理師、臨床心理士ほか。スクールカウンセラー、児童養護施設・児童家庭支援センター心理職等に携わり、信州大学学生相談センター障害学生支援室初代室長を経て現職。筑波大学大学院（経営・政策科学・計量計画学）、目白大学大学院(臨床心理学)で学ぶ。目白大学、博士（心理学）。著書：『大学生の ADHD 特性と進路決定に関する実証的研究』（風間書房、2018）ほか。

■トピックス執筆者紹介■

北澤千穂（NPO 法人教育サポートセンターNIRE） 特別支援教育士。立正大学心理学部卒。

福島実子（社会福祉法人茅ヶ崎市社会福祉事業団つつじ学園） 心理職（臨床心理士・公認心理師）。立正大学心理学部卒。同大学大学院臨床心理学専攻修了。

鈴木浩太（四天王寺大学教育学部） 講師。公認心理師。立正大学心理学部卒。筑波大学大学院体育科学研究科、立正大学大学院博士課程心理学専攻修了。博士（心理学）。国立精神・神経医療研究センター精神保健研究所知的障害研究部流動研究員。

篠田菜々（千葉大学大学院医学・薬学府医学専攻・千葉大学医学部附属病院・まめの木クリニック） 山形大学医学部卒。精神科医・公認心理師。

石井正博（群馬障害者職業センター） 上席障害者職業カウンセラー（臨床心理士・公認心理師）。立正大学心理学部卒。同大学大学院臨床心理学専攻修了。

大学生活と成長支援 ～発達障害学生支援の覚え書き～

2024年5月1日　初版発行

著　者　　篠田　晴男・篠田　直子

発行所　　株式会社　三恵社
〒462-0056 愛知県名古屋市北区中丸町2-24-1
TEL 052 (915) 5211
FAX 052 (915) 5019
URL http://www.sankeisha.com

ISBN978-4-86693-903-2